갈등 이해 분석과 대처를 위한

갈등 트레이닝

갈등 이해 분석과 대처를 위한

갈등 트레이닝

Karl Berkel 저 | 문용갑·이남옥 공역

학지사

갈등에 대한 관심이 높아지고 있다. 대처 방법에 대한 논의도 활발하다. 하지만 여전히 조화와 질서만을 이상시하고 있어 갈등은 가능한 피하거나 억누르거나 제거되어야 할 '해악'으로 간주되고 있다. 이러한 부정적 인식으로 인해 갈등 존재 자체를 부인하거나 무시하는 방식으로 갈등을 억제하거나 이기고 지는 이분법적인 흑백논리에 빠지거나 대충 타협하여 화해나 조화로 포장하거나 갈등 당사자의 마음의 상처보다 실질적 문제 해결에만 매달리고 있다. 하지만 갈등은 이런 방법으로 해소될 수 없을 뿐만 아니라 오히려 그로 인해 갈등에 대한 이미지만 더 나빠지는 '악순환'에 빠지게 된다. 이 악순환의 근저에는 갈등 대처 역량 부족과 갈등에 대한 소극적인 태도가 도사리고 있다.

우리가 번역한 『갈등트레이닝』의 원전은 독일 뮌헨대학교 심리학과 교수인 칼 베르켈(Karl Berkel)이 집필한 『Konflikttraining』으로, 1985년에 초판이 출간된 이후 2017년 13판이 나올 만큼 독일어권에서 높은 호평과 함께 가장 널리 읽히고 있는 갈등 연구 및 갈등

관리 분야 입문서이다. 저자는 수십 년간 실제 경험과 지식을 바탕으로 갈등 대처 역량 강화의 필요성을 역설하면서 그 방법들을 제시한다.

이 책은 4장으로 구성되어 있다.

제1장은 갈등 이해를 위한 개념적 기본 요소들을 제시한다. 먼저, 독자에게 갈등과 관련된 감정을 묻는 질문으로부터 시작한다. 이어서 평생 갈등에 대해 형성된 태도, 심리 과정, 행동, 결과를 구분하여 "갈등 순환 모델"을 제시한다. 또한 갈등을 내적 갈등, 사회적 갈등 그리고 조직갈등으로 분류하고 여러 그림을 곁들여 설명한다.

제2장에서는 갈등 당사자의 입장뿐만 아니라 갈등 맥락과 상대를 고려한 갈등 현장에서 실제 활용할 수 있는 갈등 단계 분석방법을 제시한다. 이를 통해 갈등 발생과 그 배경에 대한 심도 있는 접근을 보여 준다.

제3장에서는 다양한 갈등관리 전략을 제시하며, 먼저 갈등 대처와 갈등 해결을 구분한다. 이어서 갈등에 대한 개인적 책임을 강조하며 갈등 대처의 윤리적 원칙들에 대해 논한다. 여기서 저자는 공정한 절차와 공정한 행동을 구분한다. 이어서 개인 내적 갈등 대처와 조직에서의 갈등 대처에 대해 다양한 방법으로 논구하며 모더레이션의 장점과 갈등조정을 역설한다.

제4장에서는 갈등의 의미와 유능한 갈등 대처의 장점들을 요약한다. 저자는 갈등관리는 리더의 과제이며, 갈등은 감정적인 사안이므로 회피하거나 미루지 말고 적시에 처리되어야 한다고 재차

강조한다.

  이 책은 매우 교육적으로 구성되어 있어 독학뿐만 아니라 교육과정, 세미나 등에 활용할 수 있다. 과제, 검사지, 도식, 내용 목록 그리고 참고문헌이 체계적으로 정리되어 있어 지침서로서도 충분하다.

  이 책의 번역은 갈등관리에 대한 우리의 지식과 경험 그리고 관심을 반영한 것이다. 그동안 갈등관리 현장에서 실제 경험과 교육 그리고 학문적으로 축적해 온 지식이 역서를 내는 데 밑거름이 되었으며, 특히 하루빨리 역서가 출판되기를 바라는 갈등관리 전문가들의 기대는 큰 자극제가 되었다.

  번역을 하면서 저자가 전달하고자 하는 내용과 의미를 되도록 쉽게 전달하려고 하였으나 여전히 부족한 부분이 많다. 독자 제위께 고언을 기대한다.

  끝으로 출판의 기회를 주신 학지사 김진환 사장님을 비롯한 편집부 여러분께 진심으로 감사드린다.

2019년

문용갑 · 이남옥

저자 서문

우리 삶의 일부분인 갈등에 대한 관심이 점차 증대하고 있다. 사회과학적 갈등 연구는 원래 냉전을 계기로 본격화되었다. 갈등에 대한 관심은 "어떻게 하면 긴장완화를 통해 제3차 세계대전을 예방할 수 있는가?"라는 순전히 정치적인 것이었다. 이후 폭력 주제는 외교적으로 완전히 해결되지는 않았지만, 적어도 유럽에서는 각국의 사회 영역(가족, 학교)으로 번져 적지 않은 사회적 반향을 일으키고 있다.

최근 20년에 걸쳐 갈등 조정과 협상에 대한 관심이 특히 다문화 맥락에서 점차 증가하고 있다. 협상심리학은 고전적 갈등 연구의 유산을 상속한 듯하다. 여하튼 이 주제는 세계화 맥락에서 문화와 국경을 초월하여 거론되고 있다.

9판에 일부 새로운 내용을 첨가하였다. 문장은 간결체로 썼고 부분적으로 수정하였다. 사례들을 적용하였으며 갈등 이론보다는 갈등 대처에 더 역점을 두었다. 갈등 스타일을 정교하게 분류하였으며 갈등 대처 방식을 새롭게 개념화하였다. 특히 필자가 보기에 더

중요하지만 '절차갈등'으로 은폐된 가치갈등에 대한 대처 방식도
제시하였다. 참고문헌에는 본문에서 인용하지는 않았지만 필자가
중요하다고 생각하는 문헌을 모두 수록하였다.

2017년 여름

Karl Berkel

차례

01

갈등 이해

1. 갈등에 대한 나의 태도

연습1: '갈등' 연상 단어

'갈등'하면 연상되는 말이나 단어는 무엇인가? 즉흥적으로 생각나는 대로
적는다.

_____

_____

_____

_____

_____

_____

_____

_____

_____

_____

각 단어를 긍정적, 부정적 또는 중립적인 것으로 분류하고 서로 분류 결과를
비교한다.
대개, 부정적 단어가 더 많다.

무엇보다 중요한 것은 갈등에 대한 태도이다. 갈등에 대한 태도
는 두려움과 분노의 감정으로 표현된다. 당신의 감정은 두려움과
분노 사이에 어느 쪽인가?

두려움	분노
방어적	공격적
반응행동	공격행동
도피	책임 전가

연습 2: 나는 갈등을 어떻게 이해하는가

'갈등에 대한 나의 반응은 어떻게 형성되었는가?'를 생각한다. 상대와 서로 다음과 같은 질문을 한다.

- 내 가족의 갈등 문화는 어떠했는가? 부모(어머니, 아버지)는 갈등을 어떻게 다루었는가?
- 어린 시절 특별히 기억나는 갈등은 무엇인가? 그 갈등에 대해 나는 현재 어떻게 생각하는가?
- 어떤 사람에게, 어떤 상황에서 나는 강하게 반응하는가(두려움, 분노)? 나의 전형적 반응 패턴은 무엇인가? "나는 …… 경우에 항상 ……하다."
- 우리 회사의 갈등 문화는 나에게 적합한가? 나는 왜 이 회사를 선택했는가?
- 나는 앞으로 갈등 상황에서 어떤 태도를 취하고 싶은가? 앞으로 갈등이 있을 경우, 내가 원하는 태도를 보인다는 것을 무엇으로 알 수 있겠는가?

갈등에 대한 나의 기본 태도, 즉 회피 또는 공격은 지각, 감정, 동기, 행동에 영향을 미친다.

- 지각: 나는 외부 신호(상대의 행동)를 과민하게 지각하는가, 사실적으로 지각하는가?
- 감정: 나는 상대를 불신한다, 신뢰한다?
- 동기: 나는 협력하려 한다, 경쟁하려 한다 또는 단지 나의 이익만 챙기려 한다?
  ↓
- 행동: 나의 전형적 갈등 스타일은?

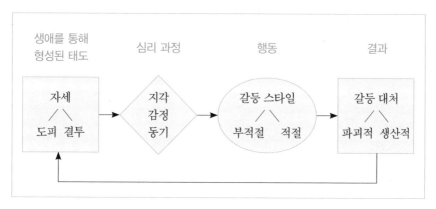

[그림 1-1] 갈등 순환

[그림 1-1]에서 보듯이 지각, 감정 그리고 동기는 선호하는 행동 방식, 즉 갈등 스타일(conflict style)로 이어지고 그 스타일에 의해 갈등 대처가 이루어진다. 갈등 대처 여부는 다시 갈등 스타일에 영향을 미친다. 이 과정을 통해 자기 강화적 갈등 순환이 형성된다.

갈등 당사자는 갈등 순환을 기반으로 한 자기성찰(introspection)을 통해, 타인은 그 갈등 순환을 외부에서 관찰함으로써 갈등을 진단한다.

- 갈등과 관련 없는 타인(제삼자, 조정가)은 갈등을 보다 더 객관적으로 분석할 수 있다. 제삼자는 갈등 결과보다는 갈등 과정에 관심이 더 많다. 예를 들어, 조정가는 갈등하는 부부에게 재결합 아니면 이혼을 결정하도록 한다. 상사는 갈등하는 부하직원에게 대화를 통해 협력할 수 있는 방법을 찾도록 격려한다.
- 과정보다 결과를 더 중요하게 여기는 갈등 당사자는 당연히

자신에게 유리한 결과를 얻기 위해 힘쓴다.

갈등 당사자는 자기성찰만으로 착각하기 쉽다. 갈등을 전체적으로 이해하기 위해서는 관찰자의 관점과 갈등 당사자의 관점이 모두 필요하다. 자기 체험에 대한 성찰은 관찰자의 피드백을 통해 보완되어야 한다.

이 책은 관찰자의 관점과 갈등 당사자의 관점을 이해하고 익히는 데 필요한 이론적 기본 요소와 실질적 도움을 제공하는 데 목적이 있다. 타인의 갈등을 진단할 수 있다고 해서 자신의 갈등에 도움이 되는 것은 아니다. 자신의 갈등에 집중한다고 해서 갈등에 관한 지식과 안목이 커지는 것도 역시 아니다. 따라서 자신에 대한 직감적 평가는 타인의 관점으로 보완되어야 한다.

2. 외부에서 바라본 갈등

갈등 개념: 갈등은 보통 두 요소가 대립하거나 불일치할 때 발생한다.

요소는 충돌할 수 있는 모든 것을 지칭하는 중립적 표현이다.

- 사고: 나는 그 일을 할 수 있다—나는 그 일을 할 수 없을 것 같다.
- 소망: 나는 출세하고 싶다—나는 홀로 있기를 좋아한다.
- 행동: 나는 집으로 갈 것이다—나는 술을 마실 것이다.
- 의도: 부하직원은 사장과 친해지려 한다—부하직원은 사장이

원하는 대로 성과를 높일 것이다.

- 판단: 기후 변화를 예방하기 위해서는 에너지 소비를 줄여야 한다—에너지 소비를 줄이는 것보다는 대체 에너지를 개발해 야 한다.
- 평가: 부하직원은 자신의 제안이 치밀하고 현실적이라고 한 다—상사는 부하의 제안이 비경제적이라고 본다.
- 개인: 서로 반목하는 두 직원이 같은 팀에서 일하기를 거부한다.
- 집단: 사용자-노동자, 생산부서-판매부서, 주민-공무원.

갈등은 내용이 아니라 요소들이 대립하거나 불일치하여 동시에 실현될 수 없는 상황으로, 형식에 관한 사안이다. 그 상황을 만들어 내는 것은 요소가 아니라 사람이다. 우리는 행동하기 위해 여러 자 극이나 조건을 놓고 선택하고 평가하고 선호하고 무시해야 한다. 다시 말해, 결정해야 한다. 결정해야 하는 압박감은 외부로부터의 요구나 자신의 내면(자아상)에 의해 한층 더 심해질 수도 있다. 이 압박감은 명료한 지향(orientation)과 목표를 위한 행위능력에 대한 욕구에서 비롯된다.

우리는 지향과 행위능력이 모두 필요하다.

- 지향은 내적 규율임과 동시에 우리가 사건이나 결정사항들을 분류할 수 있도록 해 주는 가치체계이다. 비극적 사건(난치의 질병, 실업, 사랑하는 사람과의 사별)은 내적 규율을 의심하게 하 고 안전을 위협하고 새로운 의미 부여를 요구한다.
- 행위능력은 삶에 필요한 일들을 감당해 낼 수 있는 힘이다. 갈

등은 목표와 과업에 관련된 행위를 방해한다.

여기서 갈등의 특징을 알 수 있다.

- 갈등은 장해가 있다는 신호이다. 갈등은 행동을 방해하고 방향을 바꾸도록 한다.
- 갈등은 감정을 동반한다. 갈등으로 우리는 긴장감, 압박감, 분노, 흥분, 두려움, 불안을 느낀다.
- 갈등은 역동적이고 고조되는 경향이 있다. 갈등은 확산되고 그 강도도 세진다.
- 갈등은 해결을 요구한다. 우리는 갈등으로 인한 긴장을 간과할 수 없다. 긴장은 기필코 '해소되어야' 한다. 그래야 일상을 회복할 수 있다.

이와 같은 갈등의 특징은 갈등 대처에 다음과 같은 영향을 미친다.

- 갈등에 빠진 사람은 감정적으로 흥분하고 긴장한다. 상대와 의도적으로 갈등하려면 갈등을 계획대로 주도해 나가는 방법뿐만 아니라 감정을 조절하여 갈등을 통제하는 방법도 익혀야 한다.
- 조직의 변화를 촉발하기 위해 의도적으로 갈등을 자극하면 감정적 소모가 클 것임을 염두에 두어야 한다. 그 성공 여부는 전략뿐만 아니라 갈등 당사자의 감정적 갈등 대처능력에 달려 있다. 갈등 대처를 경시하는 경영진은 저항에 직면한다. 갈등

대처는 지속적 갈등 해소를 강조하는 구조적 전략(매트릭스 조직) 또는 정책적 전략(갈등 문화)에서도 중요시되고 있다.

- 성공적 갈등 대처의 일반적 전제조건은 스트레스를 견딜 수 있는 능력이다. 회복탄력성(resilience)이 높으면 기꺼이 일상에서의 장애를 받아들이고 대규모 갈등도 적절히 효과적으로 공략할 수 있는 여유가 생긴다(Crisand, Lyon, & Schinagl, 2009).
- 감정적 경험은 갈등 당사자에게 당장의 스트레스이지만 중장기적으로 보면 갈등을 대담하게 이겨 낼 수 있는 기회이다. 갈등은 순기능이 많다. 우리는 그 순기능들을 자주 상기해야 한다(Deutsch, 1976, p. 17).
- 갈등은 자유를 가능하게 한다. 갈등에서 상반된 요소들은 서로 충돌하면 점차 힘을 잃어갈 가능성이 높다. "우리는 결정

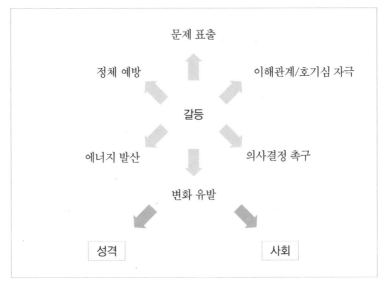

[그림 1-2] 갈등의 순기능(Deutsch, 1976)

대상이 하나가 아니라 여럿일 때 자유로워진다."(Marquard, 2007, p. 121)

갈등에서는 순간적 체험과 의식적 전략이 서로 다르다. 갈등 당사자는 갈등을 감정적으로 체험하기 때문에 그 불확실한 상황에서 가능한 신속히 벗어나려 한다. 관찰자는 좀 더 넓게 생각하고 갈등이 긍정적 영향을 미치는지 판단할 수 있다. 시야를 넓혀 갈등의 역사를 분석하면 사회적, 정치적 갈등이 지닌 변화의 힘을 확인할 수 있다. 예를 들어, 최근 유럽의 통합은 지속적 갈등이 없었다면 생각조차 하지 못했을 것이다. 공개적 논쟁은 설사 격렬하다 하더라도 결코 역기능적이지 않다. 정치적 사안을 둘러싼 열띤 공방에 대한 언론 보도의 분석 결과(Berkel, 2006)가 보여 주듯이 통합은 논쟁의 산물이었다.

연습 3: 갈등을 통한 긍정적 요소 유발

가족이나 직장에서 자신과 상대에게 변화, 발전, 원인 규명 등과 같은 긍정적 결과를 초래한 갈등을 기억한다.

- 그 갈등은 무엇 때문이었는가?
- 당시 그 갈등을 어떻게 겪었는가? 어떻게 행동하고 반응하였는가?
- 그 갈등의 긍정적 결과를 지금은 어떻게 설명할 수 있는가?
- 그 갈등 경험으로 갈등에 대한 생각이나 이해가 어떻게 바뀌었는가?

3. 갈등 유형

갈등은 근본적으로 개인 내면에서 발생하는가 아니면 개인 사이에서 발생하는가에 따라 내적 갈등과 사회적 갈등으로 구분된다. 내적 갈등과 사회적 갈등은 서로 밀접한 관계에 있다. 이에 대해서는 이 장의 끝부분에서 자세히 다룰 것이다.

1) 내적 갈등

가장 널리 알려진 갈등 분류는 심리학자 쿠르트 레빈(Kurt Lewin)으로부터 비롯되었다. 그는 개인에 작용하는 힘들의 구성 형태에 따라 갈등을 세 가지 유형으로 분류한다.

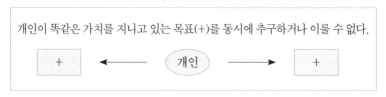

[그림 1-3] 접근-접근 갈등

예 대학 졸업생이 자신의 이해관계와 적성에 맞는 두 직장을 놓고 하나를 선택해야 한다. 승진을 앞둔 직원이 헤드헌터로부터 경쟁사로 이직 제안을 받았다. 접근-접근 갈등에서 개인은 긍정적인 두 가지 가능성을 놓고 결정해야 한다. 개인은 두 가지 가능성 중에 한쪽을 포기해야만 갈등을 해결할 수 있다. 한쪽을 포기

하기에 앞서 불이익이 걱정되면 갈등은 대처하기 힘든 접근–회
피 갈등으로 바뀐다.

예 공무원이 직장은 안정적이지만 일반 회사에 다니는 친구만
큼 연봉을 받고 싶어 한다. 그는 동창회에서 그 친구를 만난 이후
로 직장의 부정적인 면을 알게 되었다.

개인이 모두 피해라고 생각하는 두 상황(−)을 놓고 결정해야 한다.

[그림 1–4] 회피–회피 갈등

예 퇴직자가 암 진단을 받았다. 그는 치유가 불확실한 화학요법
과 자연요법 중에 하나를 선택해야 한다. 직원이 시각을 다투는
업무가 있는데 지각하였다. 상사는 그를 질책할지 아니면 주말
에 본인이 그 업무를 처리하게 할지 결정해야 한다.

회피–회피 갈등은 의무 충돌이기도 하다. 우리는 이러한 불가피
한 구도를 딜레마로 경험한다. 이 실존적 딜레마는 개인은 늘 하는
것만 할 수 있을 뿐 불행은 피할 수 없는 상황, 즉 비극을 낳는다.

예 진보성향의 사장이 직원 해고와 파산 신고 중에 하나를 선택
해야 한다.

[그림 1-5] 접근-회피 갈등

예 직원이 회사로부터 새로운 업무를 맡아 줄 것을 제안받았다. 높은 연봉, 자율적 판단 가능성, 행동범위 확대 그리고 승진 가능성을 고려할 때 솔깃한 제안이다. 하지만 성공적으로 이수해야 할 교육훈련, 잦은 출장 그리고 업무 수행으로 인한 자신과 가족의 스트레스가 걱정이 된다.

접근-회피 갈등은 이중적으로 발생한다. 다시 말해, 개인은 장점과 단점이 있는 두 가지 대안 중에 하나를 결정해야 한다.

예 부부가 이혼과 관계 회복 중에 하나를 선택해야 한다. 어떤 결정이든 장점과 단점이 있으며, 매혹적이거나 홀가분한 기회이기도 하지만 괴롭고 힘든 문제이기도 하다.

접근-회피 갈등은 갈등의 전형적 특징인 양가감정(ambivalence)을 지닌다. 개인은 부정적 감정과 긍정적 감정을 동시에 느낀다. 사랑과 증오, 공감과 반감, 호감과 거부감, 호의와 적의 등 양가감정은 갈등의 이중성을 보여 준다.

여기서 우리는 갈등 대처를 위해 중요한 사실을 통찰할 수 있다. 부정적 결과를 염려해서 견디기만 하면 된다고 하지만 갈등은 결정해야만 종결시킬 수 있다는 것이다. 결정하지 않고 불편한 부작용쯤은 감내할 수 있다는 사람은 갈등에 휩싸여 괴로워한다. 갈등처리 역량(conflict competence)은 따라서 양가감정을 의식적으로 느끼고 내적으로 처리할 수 있는 능력을 요구한다. 모든 갈등 대처에는 대가가 따른다.

연습 4: 직장에서 내적 갈등

1. 직장생활에서 당신이 원하지 않는 대표적 상황 5개를 간단히 적는다.
   (예: 초과근무, 보고 방식, 책임 등)
2. 각 상황에 대해 긍정적 감정과 부정적 감정을 표시하고 우선하는 감정을 정한다.
3. 지금까지 당신의 행동은 적절하다고 생각하는가? 적절하지 않다면 무엇을 변화시켜야 하는가?
4. 직장에서 당신의 양가감정처리를 고려하면, 당신의 갈등 처리능력은 어느 정도인가? 그 결과는 무엇인가?

---

2) 사회적 갈등

사회적 갈등은 갈등 당사자 수에 따라 그 특성과 역동이 다르다는 점에서 다음과 같이 분류된다(Schwarz, 2005).

(1) 양자갈등

부부갈등뿐만 아니라 상사−부하, 두 동료, 두 협상자, 두 친구 등 두 사람 사이에 갈등이 양자갈등(dyad conflict, pair conflict)에 속한다. 두 사람은 갈등의 원인이자 계기이기도 한 공동의 문제를 해결해야 한다.

- 정체성-공생: 두 사람 중 누구든 상대와의 관계를 훼손하지 않는 선에서 스스로 결정할 수 있는가? 아니면 두 사람은 공동으로만 결정해야 하는가? 직장이든 일상이든 완만한 동반자 관계를 위해서는 상호의존성과 함께 각자의 자의식과 개인적 정체성이 조화를 이루어야 한다.
- 친밀감-거리감: 두 사람은 시간이 흐름에 따라 상대에게 기대하는 거리가 다를 수 있다. 한쪽은 점차 거리를 두거나 반대로 더 가까이 다가서려 하지만, 이에 대해 상대가 방치된 느낌이나 답답한 감정이 들면 두 사람 사이에 긴장이 커진다. 동료가 상사로 승진하는 경우가 대표적 일례이다. 승진한 사람은 상사로서 권위를 지키기 위해 과거 동료와 거리를 두고자 하지만, 동료는 예전처럼 가까운 '친구'로 남기를 바란다.
- 발달 방향-발달 속도: 발달 역동은 사람마다 다르다. 한 사람은 늘 무엇인가를 추구하고 기회를 엿보며 빨리 익히고 새로운 것에 관심이 큰 반면, 상대는 현실에 만족하고 관습에 안주하며 반복적이고 단조로운 생활을 즐긴다. 두 사람은 서로 리듬이 맞지 않는다. 교육에서 영감을 받은 리더가 새로운 아이디어로 사업을 진행하려 하지만, 중요한 조직원들이 협조하지 않으면 실망이 클 수밖에 없다.
- 갈등으로서 대화: 널리 알려진 슐츠 폰 튠(Schulz von Thun, 1992)의 4측면 대화 모델 [그림 1-6]에 따르면 대화는 화자와 청자 사이에 긴장을 수반할 수밖에 없다.

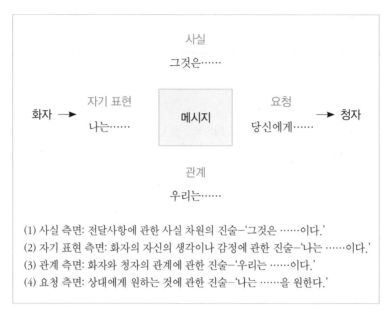

(1) 사실 측면: 전달사항에 관한 사실 차원의 진술-'그것은 ……이다.'
(2) 자기 표현 측면: 화자의 자신의 생각이나 감정에 관한 진술-'나는 ……이다.'
(3) 관계 측면: 화자와 청자의 관계에 관한 진술-'우리는 ……이다.'
(4) 요청 측면: 상대에게 원하는 것에 관한 진술-'나는 ……을 원한다.'

[그림 1-6] 대화의 4측면 모델

네 가지 측면의 진술은 화자나 청자가 어떻게 받아들이냐에 따라 각 측면에서 또는 측면 사이의 불일치로 인해 갈등으로 발전할 수 있다.

예 측면에서 갈등
- 사실: 부하가 성의 없이 작성한 주문서를 상사가 보고 그 내용을 제대로 이해하지 못하고 비판하면, 부하는 격분하여 상사의 비판이 불공정하다고 한다.
- 관계: 회의에서 상사가 부하에게 인신공격을 한다.
- 자기 표현: 자신을 과시하는 동료의 말에 심경이 불편해진 조직원이 그를 조롱하는 뒷담화를 한다.

- 요청: 상사가 대화를 교묘하게 이끌어 가는 바람에 부하는 불쾌하지만 동조할 수밖에 없다.

예 측면 사이에 불일치로 인한 갈등

- 사실–관계: 직원이 동료의 제안을 단호하게 거절한다. 화가 난 동료는 그 직원이 자기만 잘났다는 우월감에 빠져 있다고 비난한다.
- 관계–사실: 상사는 미워하는 부하의 아이디어를 무조건 반대한다. 부하는 상사를 설득할 수 없다.
- 자기 표현–요청: 위험부담 때문에 의사결정을 두려워하는 상사가 부하에게 검토 작업이 부족했다고 비난한다.
- 요청–자기 표현: 상사는 부하직원과 대화할 시간이 없다. 부하직원은 상사와 해야 할 중요한 일이 있다고 생각한다.

(2) 삼자갈등

두 사람에 제삼자가 더해지면 집단이 된다. 양자관계에서는 있을 수 없는 새로운 상황이 불거지면 삼자갈등(triad conflict, triangular conflict) 구도가 형성될 수 있다.

- 동맹: 두 사람이 제삼자에게 대항하여 동맹(coalition)을 맺으면 제삼자의 질투가 시작된다.
- 경쟁: "분할해서 지배하라(Divide et impera)." 두 부하를 반목시켜서 어부지리를 얻으려는 상사의 계획에 두 부하는 상사의 환심을 사려고 서로 경쟁(rivalry)한다.

- 관계: 양자관계에서는 성격이 관계에 영향을 미치지만 삼자관계에서는 그 반대로 관계가 성격에 영향을 미친다. 남편은 자신의 성격과 상관없이 부인에 대해서는 남편으로서, 딸에 대해서는 아버지로서 각각 관계를 맺는다. 삼자관계에서는 역할이 무시되면 갈등이 발생한다.

(3) 집단갈등

인간 공동체의 기원은 원시무리(primal horde)이다. 원시무리의 흔적은 오늘날 11인 축제위원회, 축구팀, 최적의 팀 규모(5~9인) 등에서 찾을 수 있다. 집단은 양자관계에서 볼 수 없는 독특한 갈등 구도를 지니고 있다.

- 영역: 집단 구성원들은 외부 침입에 대항하여 소유권을 선포하고 방어할 수 있는 영역이 필요하다. 영역은 공간뿐만 아니라 권한과 역량도 포함한다. 영역 경계를 침범하거나 무시하면 격렬한 투쟁이 벌어진다.
- 위계질서: 모든 집단은 위계질서가 있다. 위계서열은 대개 리더, 전문인력, 조직원 그리고 외부인 순이다. 위계질서가 불분명하면 집단은 노동력을 잃는다. 새로운 집단이 형성되면 반드시 위계서열 투쟁이 벌어진다. 집단이 성공하지 못하는 이유는 형식적 조직도가 아니라 위계질서가 요구사항들을 기능적으로 충족시키지 못하기 때문이다. 위계질서가 부적절하거나 지켜지지 않으면 알력이나 불화로 인한 피해가 점차 늘어난다. 반복되는 갈등은 대개 위계질서가 준수되지 않는다는

징조이다.

- 리더십: 모든 집단은 기본적으로 목표 실현과 최소한의 결속력이 충족되어야 한다. 이들 요구사항에 따른 임무를 수행할 수 있는 자만이 리더로서 인정받고 집단의 추진력과 응집력에 기여할 수 있다. 한 명의 리더가 이들 요구를 모두 충족시키기 어렵기 때문에 상당수 집단에서는 2인조 리더십(예: 추장–주술사, 황제–교황, 수상–대통령 등)이 운영된다. 두 사람이 협력하면 문제가 없지만, 반대로 불화가 잦으면 집단 전체가 분열될 수 있다.

3) 조직갈등

조직은 세 가지 실재 영역 또는 하위체계로 짜여 있다.

- 과업은 모든 일이나 임무로서 과제와 목표로 구체화된다.
- 개인들은 구조화된 관계에서 행동하면서 분위기와 발달을 경험한다.
- 조직은 특정 목표를 위해 존재하며 계약과 문화로 그 실체를 드러낸다.

이들 하위체계에서 발생한 갈등들은 각각의 고유 '논리'에 따라 진행되며 처리도 서로 다르게 이루어진다(3장 3절 1) 이슈별 갈등관리 참조)].

[그림 1-7] 조직갈등 유형

(1) 과업갈등

조직원들이 모두 목표에 동의하지만 그 실현 방법(도구, 자원, 전략)이 서로 다르면 과업갈등이 발생한다. 과업갈등은 전형적 문제해결방법으로 해결될 수 있다.

예 은행 지점에서 지점장과 고객팀장이 신상품 출시를 목전에 두고 표적 고객 선정을 놓고 논쟁한다. 팀원들은 상품의 질을 개선하고자 하지만 어떤 상품부터 시작할지를 놓고 이견을 보인다.

(2) 관계갈등

관계갈등은 한쪽이 상대에게 피해를 주거나 자존심을 훼손하고 경멸할 때, 즉 인신공격을 할 때 발생한다. 이에 대해 상대는 의아심에 바로 감정적 반응을 보인다. 상대의 의도를 감지하고 화를 내며 분노한다. 관계갈등은 양당사자의 신뢰할 수 있는 행동으로만 해소될 수 있다.

예 상사가 직원들 앞에서 한 부하직원에게 출근이 늦었다며 면박을 놓는다. 상사가 주요 업무를 수행하고 있는 부하직원에게 면담을 요구하고는 3시간 동안 대기실에서 기다리게 한다.

(3) 가치갈등

가치갈등은 서로 상반된 원칙이나 원리 사이에서 발생한다. 가치는 서로 연관되어 있다. 예를 들어, 자유의 가치가 강조되면 상호보완적 관계에 있는 헌신의 가치는 희생될 수밖에 없다. 그 결과, 자유는 무질서로 돌변할 수 있다. 역으로 헌신이 강조되면 집단주의나 맹목적 동조가 우선시될 수 있다. 조직 연구에 따르면 대부분의 조직은 성과(조직)와 만족(개인) 사이에서 가치 딜레마를 겪는다고 한다. 조직의 성과만 강조하면 개인의 복지, 건강 그리고 만족감은 소홀해진다. 주주의 가치만 강조하면 투자 수익을 높이기 위해 직원 해고가 더 빨라질 것이다. 가치갈등은 투명해야 하고 변증법적 역동이 규명되어야 하며 가치들은 지속적으로 균형을 유지해야 한다.

예 이사회에서 임원 성과급에 관한 열띤 논쟁이 벌어졌다. 이사들은 자신들의 이익 때문에 훼손되는 팀 정신에 대해 따져 보아야 한다. 다국적 기업의 판매부서에서 러시아에서의 사업을 앞두고 정치인들에게 뇌물을 줄 것인지를 놓고 격론이 벌어진다.

(4) 내적 갈등

의사결정갈등이나 역할갈등은 조직원이 겪는 내적 갈등이다. 의사결정갈등은 내적 갈등의 역동을 촉진하고 역할갈등을 촉발한다.

[예] 의사결정갈등: 사장의 결정으로 인한 회사의 피해를 예견한 부장이 상무에게 이 사실을 알리고 싶지만 상무도 사장의 결정을 지지하고 있어 쉽지 않다. 회사의 피해가 불 보듯 뻔한 상황에서 손을 놓고 있자니 불안하고 갈피를 잡을 수 없다.

[예] 역할갈등: 직원이 두 부서에 관련된 일을 한다. 한 상사는 고객에게 상품의 위험성을 알리지 말라고 하고, 다른 상사는 알리라고 한다. 직원은 알리고 싶지만 고객의 주문이 취소되는 위험을 무릅써야 한다.

4. 갈등 생성

1) 내적 갈등

심리학에서 갈등 생성은 주요 이론에 따라 달리 설명된다.

심층심리학적 이론에서 개인의 내적 갈등은 인간 존재의 두 축인 생물학적 본능(id)과 문화적으로 형성된 사회성(superego) 간 긴장에서 비롯된다고 가정한다. 자아(ego)의 과제는 이 두 축을 유지하는 동시에 통합하는 것이다. 모든 문화적 발전은 인간의 충동처리 학습에 기반을 두고 있다. 교육은 인간의 두 가지 충동인 성적 본능(Libido, 성적 생명력)과 파괴 본능(destrudo, 공격성)을 다스리기 위함이다. 교육을 통해 공동생활이 가능하며 성적 에너지를 바람직한 방향으로 돌리는 이른바 '승화(sublimation)'에 의한 창조적 발전의 토대가 형성된다. 충동은 하지만 결코 완전히 억제될 수 없다. 모든 공동체와 세대는 항상 성적 본능에 맞서 싸워야만 한다. 본능적 충동의 발산으로 그동안 성취된 개인 또는 사회의 발전이 수포로 돌아갈 위험이 항상 잠재한다. 이 근원적 갈등을 의식하고 충동을 조절하고 발산하는 방법을 학습한 사람만이 충동을 완전히 제어할 수 있다는 환상에서 벗어나 인격을 갖추게 된다. 내가 누구인지는 갈등 상황에서 판명된다.

의사결정이론은 인지에 수반되는 내적 불일치에 초점을 맞춘다. 우리는 날마다 우리의 태도와 다르거나 모순된 수많은 정보를 수집한다. 행동할 필요가 없다면 이러한 모순과 불일치를 방치할 수 있을 것이다. 예를 들어, 정당의 당원이 아닌 시민은 정당이 사건에 대해 어떤 논평을 하든 개의치 않을 것이다. 하지만 그가 개인적으로는 반대하지만 정당의 당원이기 때문에 공항 신축을 옹호한다면 전혀 다르게 행동할 것이다. 정당 정책과 자신의 생각 사이에 불일치는 어떻게 해서든 해소되어야 한다. 일반적 조치로는 선택적 정보 수집, 고유한 분석방법, 새로운 관계 설정 등이 있다. 개인이 새로운 정보를 어떻게 활용할 것인지는 그 정보로 인한 불편한 심기에 달려 있다. 새롭지만 모순된 정보들은 호기심을 일으키지만 불안하게 만든다. 자신의 입장과 그 입장을 기반으로 하는 자아상이 흔들리기 때문이다. 이러한 위협적 상황에서는 새로운 정보에 대해 편견 없이 비판적이고 신중하게 따져 볼 수 없다. 따라서 모든 의사결정은 갈등을 전제로 한다. 그 갈등은 정보의 유형과 개인의 정보처리 형식에 따라 특징지어진다.

행동이론은 우리에게 끊임없이 몰려오는 자극의 홍수를 갈등의 근원으로 지목한다. 예를 들어, 우리는 주말에 일기예보에 따라 쇼핑, 밀린 일, 보채는 아이, 불만이 많은 배우자 그리고 휴식 등을 조화롭게 조율해야 한다. 밀려오는 이들 자극으로 인해 모순된 반응을 한다. 외부 자극에 기분, 기대, 욕구 등의 내적 자극이 더해진다. 이러한 대내외 자극들로 인해 동시에 실현될 수 없는 일련의 행동을 해야 하는 상태가 된다.

각 이론마다 고유의 갈등 대처방안을 제시한다.

(1) 심층심리학

성공적 갈등 대처는 강한 자아 형성을 필요조건으로 한다. 강한 자아는 이기적 자아가 아니다. 강한 자아는 초자아와 본능의 요구에 강하게 맞서야 한다. 성적 욕망은 자아가 수긍하고 초자아가 허용해야 충족된다는 것을 학습함으로써 강한 자아가 발달한다.

> 예 대학생이 당장 보고 싶은 영화가 있지만 시험을 마친 후에 보기로 한다.

자아 또는 초자아를 통한 통제가 너무 과하면 자아 자체가 강해

져서 본능적 욕구에 공격적으로 된다. 충동 욕구가 자아에 의해 억제되거나 억압되는 것이 아니라 문명화되고 교양 있는 방식으로 표출됨으로써 갈등은 해소된다.

예 여비서가 사무실을 운치 있게 꾸몄다. 이를 통해 그녀는 아늑한 공간에 대한 소망을 실현한 것이다.

〈표 1-1〉 생애 단계별 과제와 갈등

나이	갈등 요소
유년기	• 성적 • 경쟁
청소년기	• 직업 선택 • 동반자 선택
청년기	• 경쟁 • 직업경력 • 가족 형성 • 일과 가정 사이에 긴장 • 생활 스타일과 생활태도
성년기	• 직업안정 • 가족발달(결혼과 자녀) • 직업 또는 개인 관련 새로운 출발 결정 • 사회적 책임 완수 • 삶의 의미와 초월 욕구
노년기	• 생애 마감 • 삶의 의미(지혜) • 후세에 전승 • 죽음 채비

인간은 발달단계에 따른 과제가 있다. 〈표 1-1〉과 같이 각 단계마다 고유의 갈등 요소가 있게 마련이다.

발달단계에 따른 갈등 대처는 단계별 도전적 과제들을 인식하고 받아들이며 삶의 대내외 요구들을 균형 있게 조율하는 것이다. 나이에 맞게 자신 그리고 환경과 평화롭게 살기를 원하는 사람은 생애 과제를 완수함으로써 그 달콤한 열매를 즐길 수 있다.

(2) 의사결정이론

갈등은 인간이 학습하는 만큼 성공적으로 대처할 수 있다.

- 새롭고 모순된 정보로 인한 두려움이나 불안에도 불구하고 신중히 결정하고 계획적으로 행동하면 서두르지도, 필요한 결정을 미루지도 않는다.

  예 마케팅 팀장은 상품 주문량이 감소한다고 하여 섣불리 새로운 전략으로 대응하지 않는다. 그는 먼저 정보들을 세밀히 분석한 다음 부하직원들과 상의하여 대비책을 세운다.

- 사람과 사물을 여러 각도에서 관찰하고 도전적 과제에 유연하게 대응한다. 다시 말해, 현실을 단순히 생각하거나 경직된 행동을 하지 않는다.

  예 신입사원이 상사의 권위에 민감하게 반응한다. 혐오감으로 인해 상사가 보내는 여러 신호와 동정을 알아차리지 못한다. 그는 자신의 진급을 위한 상사의 호의마저도 부당한 권위로 여기게 된다.

- 삶의 가치들을 중요도에 따라 정리하고 가치갈등을 세분하여

처리한다. 즉, 무조건적으로 현실 추세를 따르지도 않고, 근본
주의적으로 특정 가치만 추구하는 도박을 하지도 않는다.

(3) 행동이론

- 행동이론에 따르면 갈등 원인은 지속적으로 몰려오는 외부 자
극들이다. 우리는 삶의 지혜를 통해 갈등에 빠질 수 있는 상황
(유혹)을 피할 수 있다. 그 상황을 피할 수 없는 경우에 회피는
적절치 못한 방법이다. 회피 전략은 상황을 점점 더 갈등이 내
재된 것으로 추측하게 하고 피하도록 하여 행동반경이 좁아진
다(공포증과 강박행동).

예 알코올중독자는 파티에 가면 쉽게 재발될 것을 잘 알고 있
다. 그래서 재발을 막기 위해 타인과의 교류를 점점 더 기피
한다.

- 간섭(interference)은 사전에 예방하거나 간파되면 제거하는 것
이 중요하다. 직장에서 대충 일하고 의기소침하고, 가정에서
가사를 등한시하고 필요한 결정을 미루는 것과 같이 간섭은
상반된 행동들을 대충 타협하는 것이다.

예 직원이 기대와 달리 승진에 실패하였다. 실망이 커서 '대
충 일한다' '상사를 방해한다' '자기 일만 한다' 등 생각이 많다.
무슨 이유인지, 일도 협력도 하지 않으면서 프로젝트를 연기
하고 사장과 긴 토론을 하며 사소한 정보를 가지고 회의를 지
루하게 이끌어 간다. 자신의 공상을 실현시키는 것이다. 하지
만 전체적으로 보면 이러한 대충의 타협으로 인해 체면을 잃
는다. 주위에서 이해할 수 없고 산만한 사람으로 비쳐진다. 그

결과, 사장과 동료들과 멀어지고 성과도 낮아져 불만만 더 쌓인다.

- 외부 자극뿐만 아니라 내부 자극(소망, 쾌감, 즉흥적 아이디어, 기분 등)이 분명하면 갈등에 더 잘 대처할 수 있다. 내부 자극이 외부 자극과 균형을 맞추면 행동은 다시 미래지향적으로 바뀐다.
  예 불만스러운 직원이 그 원인을 모르면 회사도 그를 만족시킬 수 없다. 회사의 노력은 소용이 없다. 불만의 원인이 업무, 가족의 실망 그리고 궁핍한 생활 때문이라는 것을 알게 되면 적절한 행동을 자신 있게 하고 학습할 수도 있다. 그 결과, 외부환경(직장)과 내부환경이 다시 서로 조화를 이룬다.

　다양한 갈등이론을 알면 어떤 장점이 있는가? 다음의 갈등 사례에서 볼 수 있듯이 모든 이론은 불완전하며, 완전한 이론은 없다.

연습 5: 갈등 관점의 변화

다음의 예는 갈등 관점을 바꾸는 연습을 하기 위한 것이다.

갈등: 금요일 밤, 사장이 예상치 않은 일을 부하직원에게 토요일 오전까지 끝마칠 것을 간곡히 부탁한다. 부하직원은 큰 소리로 화를 내며 주말을 희생할 수 없다고 한다.

- 이 상황을 심층심리학, 의사결정이론 그리고 행동이론의 관점에서 설명한다.
- 각 이론은 어떤 측면을 강조하는가?
- 각 이론은 어떤 해결책을 제시할 것인가?
- 이론적 관점을 바꾸면 갈등을 이해하는 데 도움이 되는가?

이 갈등 사례에 대한 다이론적 갈등 분석(multi-theoretical conflict analysis)은 다음과 같다.

심층심리학적으로 보면 그 직원은 여가에 대한 강한 본능적 욕구가 좌절되었다. 좌절된 욕구가 강했기 때문에 자아가 그 본능적 에너지를 적절한 행동으로 표출할 수 없었다. 초자아 역시 고객, 회사 등의 이해관계와 자신의 관심사를 충분히 조율할 수 없었다.

의사결정론적으로는 예상치 않은 사장의 요구로 인해 직원은 자신의 기대(자유로운 주말)와 갈등하게 되었다. 그는 주말에 일한다는 상황을 놓고 장점과 단점을 저울질해서 결정할 수 없었다. 사장의 요구와 자신의 선호 간에 간극이 커서 순간 격한 반응을 보인 것이다.

행동이론적 관점은 직원으로 하여금 '예.'라는 대답, 거절, 침묵, 다른 제안 제시, 불만 억제 등 다양한 반응을 하게 하는 여러 자극에 초점을 맞춘다. 그는 다양한 반응을 할 수 있다는 것을 고려하지 않고 단지 즉시 분노라는 강한 반응으로 정면 돌파한 것이다.

이 사례를 살펴보면 직원이 왜 그와 같은 반응을 했는지 금방 이해할 수 없다. 심층심리학 전문가는 직원이 자아가 약하거나 자기중심적 사람이라고 결론을 내릴 것이다. 이 갈등 분석이 충분한가?

의사결정이론과 행동이론의 입장에서는 다르게 설명할 것이다. 가령, 그 직원은 중요한 사적인 일이 있어서 주말에는 회사에서 일하고 싶지 않다는 강한 소망이 있었던 것이다. 또는 그는 과도한 회사 일에 치여서 주말 휴식을 학수고대하였지만 사장의 요구가 그 소망을 앗아간 것이다.

실제로 직원이 자아가 약해서 욕구를 휴식을 통해서만 충족하려

하고, 상반된 반응 상황에서 자신을 통제할 수 없었을 수도 있다. 그러나 직원은 자아가 강한 사람이어서 자기주장을 펼 수 있는 좋은 기회라고 여기거나 부인과 함께 주말 휴가를 계획했기 때문에 차질을 빚고 싶지 않거나 또는 양보하지 않고 자신의 이해관계를 강하게 주장한 것일 수도 있다.

이 사례는 동일한 갈등 상황을 다양하게 기술하고 설명할 수 있음을 보여 준다. 다양한 이론으로부터 도출된 가설들을 통해 관찰자는 갈등을 관점적으로 인지하고, 대화를 통해 가설들을 검토할 수 있다. 다각적 관점으로 갈등을 관찰함으로써 자신과 상대의 갈등행동을 깊이 이해하고 상황에 적합하고 성공 가능한 대처 전략을 수립할 수 있다.

2) 사회적 갈등

개인 간 갈등, 즉 사회적 갈등은 희소자원, 상반된 이해관계, 가치, 신념, 기질과 생활방식, 시기와 질투 등 다양한 원인으로 발생한다. 갈등의 원인은 객관적 요소들뿐만 아니라 개인적 경험과 행동에서 비롯되기도 한다. 지각, 감정, 태도 그리고 행동은 갈등의 조건이지만 역으로 갈등에 영향을 받아 변화하기도 한다.

(1) 지각

개인마다 세상을 다르게 본다는 것은 잘 알려진 사실이다. [그림 1-8]은 갈등은 단지 지각 차이만으로도 유발된다는 것을 보여 준다. 다음 그림들은 갈등 상황에서 중요한 지각 과정을 보여 준다.

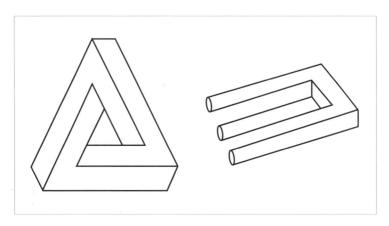

[그림 1-8] 알 수 없는 물체(Burton, 1969, p. 75)

[그림 1-8]은 우리가 실재하는 사물이 아니라 지면에 그려진 것만 지각할 수 있음을 보여 준다. 이차원적으로 보면 의미를 알 수 있는 것도 삼차원적으로 보면 알 수 없다.

상대를 편협한 사고로 단편적으로 지각하면 갈등이 발생한다. 상대의 행동을 그의 성격으로 귀인하고 구체적 상황을 고려하지 않는 사람은 '네 탓'만 하려 한다. 네 탓 공방으로 갈등은 점차 고조된다.

예 여비서는 모든 고객을 엄격히 대하기 때문에 차갑고 불친절한 사람으로 알려져 있다. 하지만 모든 방해요소를 철저히 단속하라는 사장의 지시에 따라 그녀가 그대로 행동했다는 사실을 알게 되면 그녀의 행동을 다르게 볼 것이다.

실재를 좁은 시각으로만 보고 다른 측면들을 보지 못하거나 간과하고 무시하는 사람은 실재를 다각도로 세밀히 보는 상대와 쉽

[그림 1-9] 젊은 부인? 노파?(Burton, 1969, p. 77)

게 다투게 된다.

[그림 1-9]는 숨은 이미지 효과를 잘 보여 준다. 그림에서 젊은 부인을 보는 사람도 있고, 노파를 보는 사람도 있을 것이다. 우리는 관점을 바꾸면 동일한 사물이나 사람이라도 달리 볼 수 있다.

예 아버지가 어린아이의 따귀를 때리는 장면을 본 관찰자는
- 부모의 굳은 양육 의지
- 남성적 공격성의 표출
- 문화적으로 관행적인 교육 방법
등으로 지각할 수 있다.
에너지 기업이 석유 저장소를 바다에 설치하지 않겠다는 것을
- 에너지 기업에 대한 그린피스의 승리
- 생태계에 대한 거대 기업의 관심
- 거대 기업의 여론 비판을 무마하기 위한 포석
등으로 지각할 수 있다.

[그림 1-10] 숨은 남자(Burton, 1969, p. 76)

[그림 1-10]을 보고 즉시 사람의 윤곽을 찾기 어렵다. 주위에 파묻힌 사람이 눈에 쉽게 띄지 않는다.

예 유행을 좇는 청소년들은 개인이 아니라 세대나 부류로 취급되고 틀에 박힌 표현으로 묘사된다. 회사에 완전히 적응한 직원이 승진에서 제외되었다. 그 직원은 부당한 대우를 받았다고 느끼지만 그런 대우에 자신도 일정 부분을 기여했다는 사실을 인지하지 못한다.

[그림 1-11]은 한 실험 결과를 보여 준다. 이 실험 결과에 따르면 우리는 관심이나 경험에 근거하여 기대하는 경향이 있다.

실험			결과: 1/75초 비친 그림 M을 보고 사람 얼굴을 인식한 사람 (단위: %)
집단	사전 정보	순간 노출기로 비친 그림	
통제집단	없음	M	100
실험집단 1	"여러분은 동물을 볼 것입니다."	M	73
실험집단 2	"여러분은 어린 토끼를 상상하십시오. 이제 그 토끼를 보게 될 것입니다."	M	27
실험집단 3	사전 정보가 없이 A에서 E까지 그림을 연속적으로 보여 준다.	M	15

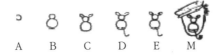

A　　B　　C　　D　　E　　M

[그림 1-11] 토끼? 사람?(Graumann, 1960, p. 171)

예 유명한 정치인이 TV에서 정치적 현안에 대해 언급하면 많은
사람은 채널을 돌리거나 TV를 끈다. 그들은 그 정치인이 어떤 말
을 할 것인지 이미 다 안다고 생각하기 때문이다. 그가 다른 의견
을 말해도 사람들은 알아채지 못하거나 속임수라고 치부해 버린
다. 회사에서 비판적이기만 하다고 소문난 동료에 대해 주위 사
람들은 만나자마자 그의 목소리를 공격으로 지각한다.

우리는 지각을 통해 자신의 세계를 구성한다. 역사가가 역사적
사건에 대해 새로운 해석을 하듯이 실재는 "의지와 표상"의 결과

이다. 실재를 '있는 그대로' '객관적으로' 이해하도록 할 수 있는 방법은 없다. 지각에 따라 우리의 실재나 우리를 위한 실재가 정해진다. 따라서 누가 실재를 올바로 지각하는지, 다시 말해 누가 옳은지를 가려내어 갈등에 대처하려는 것은 거의 무의미하다. 우리가 실재를 어떻게 해석하는지 그리고 해석의 차이에도 불구하고 어떻게 서로 교감하려고 하는지를 이해하는 것이 더 중요하다.

(2) 감정

정신분석가 호나이(Horney, 1973)에 따르면 인간은 기본적으로 내재된 '불안'에서 벗어나기 위한 전략으로서 타인에게 감정적으로 세 방향으로 대한다고 한다. 사람들은 세 방향을 모두 알고 있지만 보통 한 방향을 선호한다. 선호하는 감정적 방향은 타인을 대하는 개인의 스타일이 된다.

모든 관계에서 한 방향으로만 대하는 사람은 노이로제 환자이다. 건강한 사람은 특정 방향이 자신에게 맞는다고 느끼지만 필요에 따라 다른 방향들도 시도해 보고 활용한다. 상대와 대하는 방향이 다르면 오해, 몰이해 그리고 흥분 등이 발생한다. 자신과 상대의 행동에 관용적이면 서로의 관계는 즐겁고 원만해지지만 갑자기 갈등으로 돌변할 수도 있다.

⟨표 1-2⟩ 타인에 대한 감정 방향

타인에 대한 감정		
접근	회피	대립
타인에게 접근은 존중, 수용 그리고 인정받고 싶은 마음에서 비롯된다. 타인의 수용은 곧 안정과 행복이다. 거리감과 비판은 거부와 거절로서 흥분, 불안, 당혹감을 불러일으킨다. 경쟁과 갈등은 안전과 친밀감을 위협하기 때문에 최대한 회피하여야 한다.	타인 회피는 자율성과 자기효능감에 대한 강한 욕구에서 기인한다. 친근감과 관심은 자유를 제한하고 의존적으로 만든다. 타인에 대한 공감과 이해로 자율성이 침해될 수 있다. 감정적이면 스스로 결정하지 못하기 때문에 감정은 가능한 개입시키지 않는다. 관계는 가능한 사무적이고 분석적이어야 원만하다.	타인과의 대립은 타인을 혐오하고 지배하려는 마음에서 비롯된다. Hobbes가 언급한 대로 '인간은 인간에게 늑대이다.' 타인을 만나면 싸우려는 성향과 의욕이 생긴다. 관계에서 조롱, 경멸 그리고 모욕이 앞선다. 활력을 불어넣는 갈등을 원한다. 평화와 조화는 어리석은 짓이다.

(3) 태도

감정이 사람을 향한 것이라면, 태도는 생산적이고 만족스러운 관계 형성에 관한 것이다. 우리는 서로 좋아할 수도 있고, 경쟁할 수도 있다. 도이치(Deutsch, 1976)는 타인과의 관계, 즉 사회적 관계에 대한 태도 또는 지향을 세 가지로 구분한다.

- 개인주의적 태도는 지속적으로 유지될 수 없다. 갈등에서 개인주의자는 상대와 협력과 경쟁의 갈림길에 서 있다. 그에게는 관계가 전혀 중요하지 않으므로 대개 경쟁을 택한다.
- 경쟁적 태도는 극단적이다. 이기느냐 지느냐가 관건이다. 타인은 결코 친구가 될 수 없다. 적수일 수밖에 없는 타인에게는

〈표 1-3〉 관계에 대한 기본 태도

관계에 대한 태도		
협력적 태도	개인주의적 태도	경쟁적 태도
다음과 같은 이익을 위해 관계를 형성한다. • 공동작업: 목표 발굴, 문제 논의, 해결책 강구 • 위계보다 평등 • 과욕보다 공유 • 상대의 목표 실현에 조력. 상대의 목표 실현이 나의 목표 실현에도 도움이 된다.	나는 다음과 같은 이익을 위해 관계를 맺는다. • 상대도, 관계도 중요하지 않다. • 상대에 의존도, 의지도 하지 않는다. • 상대와 맞서더라도 나의 이익을 추구한다.	관계는 상대를 이용하기 위함이다. • 상대를 희생시키거나 이용하여 나의 목표를 달성한다. • 상대는 나의 목표를 방해하기 때문에 불신의 대상이다. • 상대는 맞서 싸워야 할 적수이다. • 거리를 유지하기 위해 상대를 이겨야 한다.

신뢰보다 불신이 낫다. 경쟁적 태도는 생물학적으로 생존투쟁을 위해 필연적이다(다원주의). 파트너십이나 배려와 같은 인도적 행동은 방해요소일 뿐이다. 이는 마키아벨리(Machiavelli)가 주장하는 바이기도 하다.

• 협력적 태도는 의식적 가치판단에서 비롯되지만, 양보 또는 조화를 이루려는 노력의 표현이기도 하다. 협력적 태도로만 갈등에 생산적으로 대처할 수 있다.

(4) 행동

행동 또한 갈등을 야기할 수 있다. 인간관계에도 행동과 반응의 법칙이 적용된다. '친절과 증오'에서 행동-반응 법칙을 확인할 수 있다.

예 A와 B 두 직원이 서로 기분 좋게 돕는다(t). 어느 날 B가 서먹서먹하고 무뚝뚝하게 행동한다(u). 그 이유를 모르는 A는 B에게 묻지 않고 만남을 줄인다(v). B는 A가 자신을 싫어한다는 것을 눈치채고 불안해한다(w). A도 B를 불신한다(x). B가 신경이 예민해져 A를 욕하면(y) A는 그런 B를 보고 절교로 받아들인다(z). 이로써 두 사람 사이에 긴장이 고조된다.

두 사람이 제때 대화하지 않으면 이러한 과정은 자동적으로 진행된다. 솔직히 말해서 우리는 화나게 하는 사람과 터놓고 대화할 수 있는가?

당사자들은 문화, 언어, 전문성 또는 매체 등의 문제로 대화가 제한된 상태에서 일부 신호만 보고 상대가 친절한지, 적대적인지 판

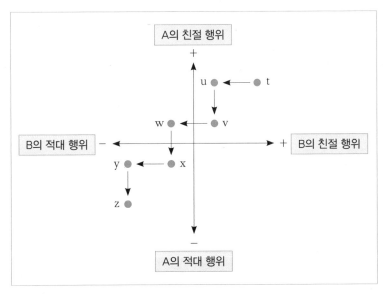

[그림 1-12] 단순 반응으로 인한 적대 행위

단한다. 죄수의 딜레마 게임은 극단적으로 제한된 대화 상황을 묘사한 것이다. 서로 분리된 공간에서 조사를 받는 두 죄수는 두 가지 행동 중에 하나만 선택할 수 있다. 하나는 상대를 배신하고 모함하는 것이고, 다른 하나는 묵비권을 행사하는 것이다. 죄수는 어느 것을 선택하느냐에 따라 형량이 달라진다. 만약 두 명 모두 상대를 믿고 묵비권을 행사하면 모두 1년 형을 받지만, 반대로 둘 다 상대를 배신하면 3년 형을 받는다. 한 명이 배반하고 다른 한 명이 묵비권을 행사할 경우, 배반한 죄수는 바로 석방되고 배반당한 죄수는 5년 형을 살게 된다. 두 죄수는 어떻게 서로 배반하지 않고 협력할 수 있는가? 액슬로드(Axelrod, 2005)에 따르면 죄수의 딜레마 게임에서 가장 탁월한 전략은 "눈에는 눈(Tit-for-Tat)"이라는 전략이다.

- 우호적으로 시작한다, 서로 가까워진다, 제의한다.
- 상대가 협조하지 않고 이용하려 하면 거부하고 사양한다: 협력을 거부한다, 아니라고 말한다, 도움을 중단한다.
- 용서한다, 상대의 비협조적 행동을 허용한다, 다시 협력한다.
- 시기하지 않는다: 서로 대립하지 않고 함께 승리하고자 한다.

연습 6: 협력

A와 B는 함께 논의할 주제에 합의한다.

- 롤플레이 1: A와 B 모두 폭력을 쓸 것처럼 공격적이다.
- 롤플레이 2: A는 공격적이고, B는 늘 친절하고 호의적이다.
- 롤플레이 3: A와 B는 서로 "눈에는 눈" 전략으로 대응한다. 한쪽이 속이거나 불공정하게 의견을 제시하는 식으로 비협조적으로 행동하면 이에 대해 상대도 똑같이 보복한다. 상대가 협조적이면 자신도 협력한다.

3) 조직갈등

조직은 인간 사회의 다양한 요소가 인위적으로 결합되어 형성된 사회구성체로서 갈등이 필연적이다.

갈등 잠재력은 조직의 4차원(3장 3절 조직적 갈등 대처 참조)의 정도에 따라 좌우된다. 각 차원의 정도가 높아질수록 갈등 잠재력은 증가한다.

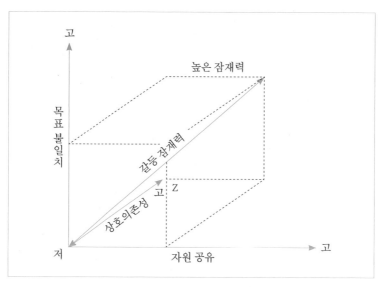

[그림 1-13] 조직갈등 잠재력

- 조직은 왜 그리고 무엇을 위해 존재하는지, 다시 말해 조직의 가치지향점이 적시된 목적은 구체적으로 조직의 목표, 사명 그리고 비전을 포함한다. 특히 최고경영진에서 주주, 비전, 가치, 전략, 리더십 원칙, 통합적 갈등 정리 등의 문제들을 둘러싼 불화가 발생한다.

- 상호의존의 정도와 유형에 따라 조직의 단면이 드러난다. 조직원들의 상호의존은 수직적, 수평적 조직구조에 의해 규정된다. 구조적 규정은 자유를 보장하기도 하고 제한하거나 불허하기도 한다. 이른바 구조적 갈등은 상호의존에서 기인한다. 업무를 위해 어떤 협력 방식(수평적, 수직적 또는 연쇄적)이 필요한가? 협력에 따른 갈등 잠재력이 체계적으로 검토되었는가? 통제의 목적은 지원인가, 감시인가? 상사의 리더십은 독자적 업무 수행을 허락하는가? 성과평가는 투명하고 정당한가? 행동 규범이나 규정은 목적을 촉진하는가, 방해하는가?

- 자원은 모든 성과의 전제조건이다. 자원은 희소하기 때문에 논쟁의 소지가 된다. 분배갈등은 상위 목표가 부족하고 공동 가치가 부재하며 규칙이 방해가 될 때 특히 격렬하다. 목표 합의에 필요한 자원이 고려되었는가? 조직원들은 예산과 계획에 대해 책임을 지는가? 조직체계는 자원을 공정하게 분배하는가? 자원 분배를 위한 조직 차원의 회의가 있는가?

- 네 번째 차원은 개인적 특성이다. 조직원의 성격, 기질 그리고 개성이 조직에 적합한가? 고용 시 개인의 가치가 고려되었는가? 조직원들은 서로 다른 의견과 갈등을 공정하게 협력하여 해소할 수 있는 능력과 의지가 있는가?

조직에서 가장 빈번한 갈등 원인은 다음과 같다(Regnet, 2001,
p. 28).

① 대화 부족
② 상호의존성
③ 불공정한 대우
④ 불명확한 책임
⑤ 건설적 비판 부재
⑥ 불신
⑦ 비사교적인 성격과 태도
⑧ 권력과 세력을 위한 투쟁
⑨ 원망, 불만, 예민함
⑩ 여러 모임에 소속
⑪ 권한 다툼
⑫ 보수체계
⑬ 체면 손상
⑭ 자원 경쟁

갈등 원인 목록이 시사하는 바는 세 가지이다.

• 가장 빈번한 갈등 원인(①~⑤, 또는 ⑥)은 그 책임이 상사에게
  있다.
• 두 번째로 빈번한 갈등 원인(⑥~⑨)은 개인 특성에서 기인한다.
• 구조적 조건(⑩~⑭)은 상대적으로 비중이 낮다.

갈등 원인들에서 알 수 있듯이 우리는 객관적 상황이나 구조적 갈등 잠재력 때문에 갈등을 경험하는 것이 아니다. 우리의 경험과 행동이 갈등을 만든다. 나쁘거나 위협적인 것은 갈등이 아니라 갈등에 대처하지 않거나 대처할 수 없는 사람이다.

갈등 분석

1 실제적 갈등 분석

1장에서 갈등의 속성, 유형 그리고 생성을 이해하고 개괄하기 위해 이론적 기본 요소들을 살펴보았다. 2장은 실제적 관심사에서 출발한다. 행위자와 관찰자가 갈등을 체계적으로 분석하고 대처 가능성을 목표로 진단하기 위해서는 다양한 전략이 필요하다.

1. 실제적 갈등 분석

실제적 갈등 분석의 목표는 갈등을 기술하고 분류하는 것이 아니다. 일상에서 갈등을 철저히 검토하고 대안을 위해 탐색하며 건설적인 대처 방식을 찾는 데 필요한 실제적 작업도구로서 다양한 체크리스트와 다이어그램을 제시할 것이다. 이것들은 갈등이론이 아니라 실제적 필요에 따라, "범사에 헤아려 좋은 것을 취하라(데살로니가전서 5:21)"는 성 바울의 명언처럼 심혈을 기울여 선정되었다. 실제 실행 방법에 관해서는 3장에서 살펴볼 것이다.

1) 관찰자와 행위자: 이중 관점

갈등을 충분히 이해하기 위해서는 관찰자의 시각과 갈등 당사자의 시각이 모두 필요하다. 먼저, 관찰자로서 갈등 분석가의 시각에서 시작할 것이다. 갈등은 항상 감정을 수반하기 때문에 갈등 당사자의 체험이 매우 중요하다. 그 체험은 역동적이고 과정적인 구조를 지닌다. 실제적 갈등 분석은 먼저 전형적인 갈등 과정으로부터 출발하여 갈등이 발생하는 맥락(여건)으로 이어져야 한다.

- [그림 2-1]처럼 갈등 과정은 갈등 에피소드를 통해 이해할 수 있다. 갈등은 시작부터 종료까지 여러 에피소드로 진행된다. 갈등이 어떤 에피소드에 머물러 장기화되면 만성적 갈등이 된다.
- 갈등 진단은 갈등 과정의 각 단계에 대한 체계적 질문을 통해 이루어진다(〈표 2-1〉 참조). 갈등 진단을 통해 맥락적 요인들

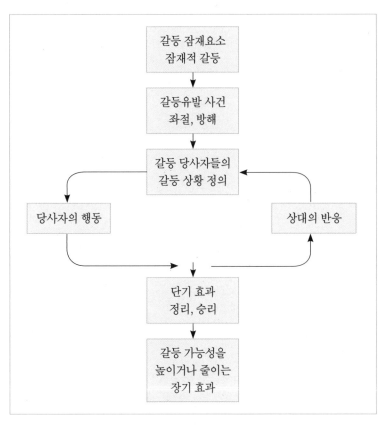

[그림 2-1] 갈등 에피소드 – 과정으로서 갈등

을 파악함으로써 갈등 과정에 대한 이해를 넓힐 수 있다. 과정
과 맥락은 관찰자에게 정보를 제공하여 진단에 근거한 적절한
개입을 할 수 있도록 한다.

• 갈등 인터뷰를 통해 갈등을 더 깊이 이해할 수 있다(〈표 2-2〉
참조). 갈등 인터뷰 자체가 이미 개입의 시작이다.

(1) 갈등 진단

갈등 진단 스키마에 따른 질문들은 갈등을 개관하고 갈등의 역
사, 특징 그리고 역동을 밝히는 것이 목적이다. 질문은 각 항목에
따라 늘거나 줄 수 있다. 앞에 세 가지 항목은 과정에 관한 것이고,
뒤에 세 가지 항목은 맥락에 관한 것이다(Glasl, 2006).

〈표 2-1〉 갈등 진단 스키마

1. 쟁점: 무엇 때문에 갈등하는가
• 갈등 당사자들이 주장하는 것은 무엇인가?
• 갈등 당사자들이 원하는 것은 무엇인가? 원하는 것 뒤에 숨겨진 관심사는 무엇인가?
• 갈등 당사자들의 이슈(쟁점)는 무엇인가?
• 갈등 당사자들은 갈등을 어떻게 체험하고 있는가? 갈등은 갈등 당사들에게 얼마나 중요한가?
• 실질적(객관적) 이슈는 무엇인가? 감정적(주관적) 이슈는 무엇인가?
2. 갈등 과정: 갈등은 어떻게 진행되었는가
• 갈등은 무엇으로 유발되었는가?
• 갈등을 격렬하게 하거나 약하게 한 "결정적 사건"은 무엇인가(갈등 고조)?
• 현재 갈등 상황은 어떠한가? 갈등이 장기화되고 있는가?
• 갈등이 어떻게 표출되고 있는가? 냉랭 갈등, 열렬 갈등?

3. 행동: 갈등 당사자들은 어떻게 행동하는가

- 갈등 당사자들은 상대에게 어떻게 영향을 미치려고 하는가?
- 갈등 당사자들은 서로 상대를 조종하는가? 아니면 논쟁을 하는가?
- 갈등 당사자들 간에 어떤 행동-반응 패턴이 보이는가?
- 갈등 당사자들은 주로 어떤 태도/스타일을 보이는가? 꼼짝 않고 지켜만 보고 있는가 아니면 어떤 행동을 취하는가?
- 갈등 당사자들은 서로 토론하는가, 대응하는가, 싸우는가?
- 갈등 당사자들이 계속 갈등하는 이유는 무엇인가? 합의하였다면 무엇 때문인가?
- 갈등 당사자들이 양보할 수 있는 것은 무엇인가?

4. 갈등 당사자: 누가 갈등 당사자인가

- 갈등 당사자는 개인인가, 집단인가, 조직인가, 집합체인가?
- 개인인 경우, 그 배후에 어떤 집단이 있는가?
- 집단인 경우, 실권자는 누구인가? 실권자는 갈등에 어떻게 관여하는가?
- 조직인 경우, 조직 내 대화, 권력 그리고 의사결정구조는 어떠한가?
- 갈등 당사자들은 조직적으로 어떤 관계에 있는가? 상하관계, 동료관계?
- 갈등 당사자들은 상대에 대해 어떻게 느끼는가? 우월감/열등감, 강함/약함?
- 구조적 관계와 기대가 서로 일치하는가?
- 관계는 어떤 원칙으로 이루어지는가? 평등, 공정성, 필요성?
- 갈등 당사자들은 자신의 지위에 따라 무엇을 요구할 수 있는가?

5. 기대: 갈등 당사자들은 갈등을 통해 무엇을 원하는가/두려워하는가

- 갈등은 갈등 당사자들에게 불가피한 것인가? 합의는 가능한가?
- 갈등으로 누가 이익을 보는가? 갈등 당사자, 제삼자, 조직?
- 갈등으로 누가 불이익을 보는가? 갈등 당사자, 제삼자, 조직?
- 갈등이 해결되지 않고 지속되면 누가 이로운가?
- 체계 내 정리 기제들이 어떻게 작용하는가?
- 갈등 당사자들은 갈등을 종식시키기 위해 지금까지 한 노력에 대해 어떻게 평가하는가? 갈등 당사자들은 각자 어떤 노력을 했는가? 어떤 효과가 있었는가?
- 갈등 당사자들은 갈등을 정리할 수 있기를 바라는가? 아니면 희망마저 포기했는가?

---

6. 결과와 영향

- 갈등은 처리, 즉 종료되었는가? 종료되었다면 일시적인가, 장기적인가?
- 갈등은 어떤 이유로 다시 재연될 수 있는가?
- 갈등 당사자들은 갈등의 결과를 어떻게 개인적으로 처리할 것인가?
- 갈등으로 갈등 당사자 또는 조직이 얻은 것은 무엇이고 잃은 것은 무엇인가(득/실)?
- 갈등 당사자들은 향후 갈등을 다르게 처리할 것인가?

---

(2) 갈등 인터뷰

갈등 당사자를 대상으로 한 갈등 인터뷰 가이드라인은 갈등 진단 스키마에 기초하였다. 항목별 질문과 함께 관리자, 조정가 등 제삼자가 인터뷰를 구조화할 수 있는 방법들도 제시하였다 (Mahlmann, 2000, p. 153).

〈표 2-2〉 갈등 인터뷰 가이드라인

1. 이슈: 무엇 때문에 갈등하는가	
질문	방법
• 당신은 갈등은 무엇 때문이라고 생각하는가? • 당신은 갈등에 대해 어떤 생각을 하는가? • 당신은 무엇을 성취하려 하는가? • 당신을 힘들게 하는 것(방해, 화, 자극)은 무엇인가? • 당신과 상대의 공동 이슈가 있는가? • 당신에게 협상이 불가능한 이슈는 무엇인가? • 다른 중요한 것이 있는가? 있다면 그것은 얼마만큼 중요한가?	카드 질문 • 질문하고 설명하도록 한다. • 서로 요약하도록 한다. • 공통점과 차이점을 구분한다. • 이슈를 유형별로 카드에 정리한다. • 이슈를 중요도에 따라 나열한다.

2. 갈등 진행: 갈등은 어떻게 고조되었는가	
질문	방법

• 갈등이 어떻게 진행되었는지 기술하시오.
• 갈등은 언제 시작되었는가? 그 이유는?
• 현재 상태는 어떠한가?
• 갈등을 고조시킨 사건이 있었는가?
• 어떤 행동이 갈등을 일으켰는가?
• 어떤 상황들이 갈등을 고조시켰는가?
• 당신들 사이에 당장 어떤 조치가 있어야
  하는가?
	갈등 당사자들은 각자 자신의
	의견을 기술한다.
	• 상대는 주요 단어를 적는다.
	• 상대의 말에 답하면서 자신
	  의 감정을 표현한다.
	• 관계에서 새로운 규칙을 정
	  하도록 한다.

3. 갈등 당사자: 누가 갈등 당사자인가	
질문	방법

• 갈등 당사자는 누구인가? 개인, 집단, 집
  단에 대항하는 개인?
• 당신은 어느 편에 서려 하는가?
• 당신은 상대를 어떻게 보는가?
• 누가 주요인물인가? 핵심집단이 있는가?
• 간접적으로 갈등에 관여하거나 영향을
  미치는 사람 또는 집단이 있는가?
• 이 갈등으로 누가 그리고 어떤 집단이 괴
  로워하는가?
• 갈등 당사자 사이에 어떤 의존관계가 있
  는가?
• 역할기대가 있는가?
• 갈등 당사자는 상대를 압박하기 위해 어
  떤 제재를 할 수 있는가?
• 갈등 당사자들은 지위상 어떤 것을 요구
  하는가?
• 그런 요구를 하는 이유는 무엇인가?
• 상대 요구 중에 당신은 어떤 요구를 인정
  하는가?
	대화
	• 질문과 응답, 토론, 결과 도출
	• 각자 자신이 요구하는 이유
	  를 밝힌다.
	• 각자 상대의 요구에 대해 수
	  용하는 것과 수용하지 못하
	  는 것을 구분한다.
	• 요구사항 및 제안에 대해 토
	  론하고 차이점을 줄여 간다.
	• 서로 접근할 수 있는 사안들
	  을 요약한다.
	• 앞에서 언급한 이슈들이 여
	  전히 중요한지 검토한다.

| 4. 갈등에 대한 태도: 갈등 당사자의 소망과 두려움 ||
질문	방법

• 당신은 전체 상황을 어떻게 판단하는가?
• 당신은 대립 상황을 어떻게 보는가?
  a) 불가피해서 합의가 불가능하다.
  b) 불가피하지만 합의가 가능하다.
  c) 피할 수 있지만 합의는 불가능하다.
  d) 피할 수 있고 합의도 가능하다.
• 당신은 갈등이 언제 종료될 것으로 보는가?
	토론
	• 인신공격을 멈추거나 즉시 개입하여 합의된 규칙에 따라 대화를 나눈다(3장 3절 1) (2) 관계갈등 정리 참조).
	• 지엽적 사안은 제외한다.

| 5. 해결: 갈등은 어떻게 종결될 수 있는가 ||
질문	방법

• 갈등 당사자들은 다음 행동을 위해 어떤 전략을 구상 중인가?
• 갈등 당사자들은 갈등으로 어떤 이익을 보는가? 그 이익을 어떻게 합의안에 반영할 것인가?
• 갈등을 약화시키거나 해결하기 위해 당신이 할 수 있는 것은 무엇인가?
• 당신은 어떤 양보를 할 수 있는가?
• 당신은 무엇을 시도하지 않았는가? 시도한다면 의미가 있겠는가? 갈등을 생산적으로 이끌기 위해 당신은 당장 어떤 것을 시작할 수 있는가?
• 당신은 해결책으로서 구체적으로 어떤 것을 제안하겠는가?
• 합의안 이행 여부를 어떻게 관리할 것인가? 누가 관리할 것인가?
• 합의안을 이행하지 않을 경우, 어떤 조치를 취할 것인가?
• 앞으로 서로의 발전을 위해 당신은 무엇을 바라는가?
	갈등 당사자들은 이 질문들에 따라 작업한다.
	• 갈등 당사자들은 카드에 답을 적고 서로 발표한다.
	• 각 갈등 당사자는 개인적으로 어떻게 협력할 수 있는지 밝힌다.
	• 갈등 당사자들과 다음 사항에 대해 작업한다.
	  a) 그들은 무엇에 의견을 일치하는가?
	  b) 불일치하지만 서로 양보하여 타협할 수 있는 것은 무엇인가?
	  c) 불일치하여 합의가 불가능한 것은 무엇인가?
	• a)와 b)에 우선 집중하고, c)는 차후로 미룬다.

연습 7: 나의 갈등 진단

최근 직장이나 가정에서 겪은 갈등을 기술한다.

- 쟁점/이슈: 갈등은 무엇 때문이었는가?
- 유발 요인: 갈등은 어떤 계기로 시작되었는가?
- 갈등 당사자: 갈등에 누가 직간접으로 연루되었는가?
- 갈등 정의: 갈등 당사자들은 갈등을 어떻게 지각하고 또 해석하는가?
- 행동: 갈등 당사자들은 어떤 행동과 반응을 하였는가?
- 결과: 갈등은 어떤 결과를 초래하였는가?
- 영향: 갈등은 앞으로 장단기적으로 어떤 영향을 미칠 것인가?

더 상세한 분석을 위해서는 갈등 진단 및 갈등 인터뷰 스키마(〈표 2-1〉과 〈표 2-2〉)를 참고하시오.

2) 과정 분석

(1) 쟁점

갈등 당사자들은 먼저 자신이 생각하는 쟁점 또는 이슈, 즉 피해나 상처를 만회하기 위해 해결 또는 결정되어야 하는 사안에 대해 서로 주장한다. 본질적으로 갈등을 유발하지 않는 것도 없지만 갈등을 강요하는 이슈도 없다. 이슈와 원인은 항상 갈등 당사자에 의해 뒤섞인다. 상황이나 사실을 이슈로 만들어서 갈등으로 정의하고 서로 갈등하는 존재는 인간이다. 따라서 갈등 당사자로 하여금 다음과 같이 하도록 하는 것이 중요하다.

- 갈등 당사자가 이슈들을 진술한다.

- 갈등 당사자가 이슈들을 형상화하거나 시각화한다.
- 갈등 당사자가 이슈들을 서로 연결한다.
- 갈등 당사자가 갈등지도를 그린다.

조직에는 분쟁을 유발하는 이슈가 많다. 이슈는 조직의 갈등 잠재요소들과 깊은 관련이 있다. 조직풍토는 조직원들이 조직을 바라보는 눈, 다시 말해 조직을 어떻게 보고 또 어떻게 경험하는지를 보여 준다. 조직풍토의 여러 측면에서 쟁점을 예상할 수 있다. 조직풍토의 핵심 차원들(Neuberger, 2002)을 통해 이슈와 갈등 당사자들이 예상하는 갈등의 원인을 검토할 수 있다.

조직풍토 관련 쟁점

3　　2　　1　　0　　1　　2　　3

작업과정

무계획적	관료적
혼잡	규정에 근거
불분명한	분명한

의존

독립적	의존적
자신의 책임 영역	명령대로
행동의 여지	무력감

풍토

신뢰	불신
온기, 존중	냉기, 배제
친근감, 도움	거리감, 철회
쌍방적 대화	일방적 대화

성취동기

활기, 동기 고조	태만, 동기 저하
헌신	무관심
에너지, 역동적	무기력, 불만스러운
성과 인정	성과 무시

협력

연대감	긴장감
일치	파벌 형성
협동	경쟁
조화	대립
협업	개별 작업

자극

높고 강한 보상	낮고 약한 보상
처벌 없음	잦은 처벌
공정하고 정당한	불공정하고 부당한
예측 가능	예측불가

혁신

변화 태세	완고, 배타적
위험 감수	안정 강조
유연	경직
학습 열의, 개방적	학습 거부, 교조적

위계와 통제

동등	권력 불평등
평등	상하관계
지지를 위한 통제	감시를 위한 통제

[그림 2-2] 조직풍토

연습 8: 구조적 이슈

- 직장에서 통상적으로 발생하는 갈등 세 가지를 생각한다.
- 소속 부서 또는 조직의 조직풍토를 체크한다.
- 체크 결과를 바탕으로 주요 이슈들을 파악한다.
- 파악된 이슈는 무엇인가? 당신은 무엇을 할 것인가?

(2) 갈등 당사자

갈등 당사자는 개인, 조직 또는 집합체이다. 여기서는 개인에 한정하여 갈등과 관련된 개인의 태도와 공식적 지위의 관계를 살펴볼 것이다.

① 태도

[그림 2-3]에서 2, 3, 4의 태도를 취하는 사람은 상대와 쉽게 갈등한다. 이에 반해, 서로 협력하여 갈등을 해결하기 위해서는 자신과 상대를 의식하는 주의 깊은 태도(1)가 전제되어야 한다.

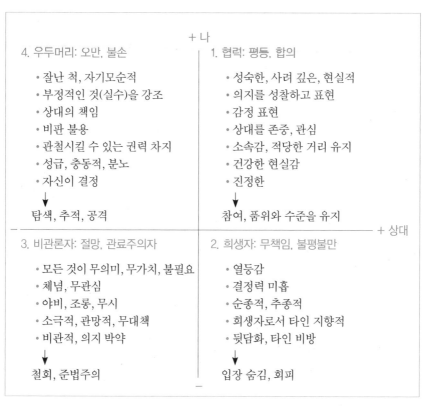

4. 우두머리: 오만, 불손

- 잘난 척, 자기모순적
- 부정적인 것(실수)을 강조
- 상대의 책임
- 비판 불용
- 관철시킬 수 있는 권력 차지
- 성급, 충동적, 분노
- 자신이 결정

↓

탐색, 추적, 공격

1. 협력: 평등, 합의

- 성숙한, 사려 깊은, 현실적
- 의지를 성찰하고 표현
- 감정 표현
- 상대를 존중, 관심
- 소속감, 적당한 거리 유지
- 건강한 현실감
- 진정한

↓

참여, 품위와 수준을 유지

+ 상대

3. 비관론자: 절망, 관료주의자

- 모든 것이 무의미, 무가치, 불필요
- 체념, 무관심
- 야비, 조롱, 무시
- 소극적, 관망적, 무대책
- 비관적, 의지 박약

↓

철회, 준법주의

2. 희생자: 무책임, 불평불만

- 열등감
- 결정력 미흡
- 순종적, 추종적
- 희생자로서 타인 지향적
- 뒷담화, 타인 비방

↓

입장 숨김, 회피

[그림 2-3] 갈등 당사자의 기본 태도

② 공식적 관계

갈등 당사자들이 구조적으로 관계를 어떻게 맺는지도 중요하다. 목표에 따라 관계가 정해지지만, 그 관계로 인해 갈등이 유발되기도 한다.

〈표 2-3〉 갈등 당사자의 구조적 관계

상호의존성 유형	예	원칙
수평적 상호의존성 (horizontal interdependence)	서로 의존하지 않지만 역량 있는 당사자들이 과제, 목적, 책임 등을 가지고 업무를 수행한다.	• 자율성 • 조율 • 상위 목표를 위한 통합
순차적 상호의존성 (sequential interdependence)	작업순서상 전후 단계에 위치한 당사자들이 상호 의존적으로 업무를 수행한다(예: 조립라인).	• 평등 • 존중과 배려 • 자율적 시간 계획
호혜적 상호의존성 (reciprocal interdependence)	당사자들이 업무 수행을 위해 서로 의존적이다(예: 팀 작업).	• 우의 • 협력 • 시너지 • 동시화
위계적 상호의존성 (hierarchical interdependence)	전통적 상사-부하 관계	• 권위 • 권력 행사

연습 9: 갈등 당사자

직장갈등에 대해 구체적으로 질문한다.

• 갈등 당사자는 기본적으로 어떤 태도를 취하는가? 그 태도가 갈등을 얼마나 조장하였는가? 어떤 행동을 보고 그 태도를 알았는가?
• 갈등에서 갈등 당사자들의 구조적 관계는 어떤 역할을 하였는가? 구조적 관계가 적절하고 성과지향적인가? 갈등 당사자들은 구조적 관계를 수용하는가?

(3) 갈등 유형

갈등은 갈등 당사자들의 행동-반응 상호작용에 의해 그 형태가 정해진다. 갈등 유형은 감정, 전략, 갈등 스타일 등 3요소가 합쳐진 조합의 산물이다.

- 감정: 냉랭 갈등, 열렬 갈등
- 전략: 통합적 전략(승-승) 또는 포커 전략(승-패)
- 갈등 스타일: 나의 이해관계와 상대의 이해관계
- 3요소는 갈등증후군을 형성하여 갈등으로 발전한다.

3요소는 갈등 당사자들뿐만 아니라 그들 관계에도 영향을 미친다. 구체적 갈등에서 3요소는 항상 뒤섞여 있으므로 갈등을 예방하거나 갈등에 개입하기 위해서는 분석적 구분이 필요하다.

① 갈등 감정

중요한 것은 갈등에 동반된 감정이 아니라 그 감정의 종류이다. 갈등이 격해지면 감정도 변한다. 뜨겁고 소란스러운 감정들은 유동적이고 가변적이며 병립할 수 있는 반면, 차갑고 조용한 감정들은 얼어붙어 완고하며 파괴적이다(〈표 2-4〉 참조).

〈표 2-4〉 열렬 갈등과 냉랭 갈등

	열렬 갈등	냉랭 갈등
특징	갈등 당사자들은 • 지나치게 의욕이 넘친다. • 목표에 열중한다. • 자신이 우월하다고 생각한다. • 맞대결을 하려 한다. • 상대를 기필코 설득하려 한다. • 규칙과 절차를 걸림돌로 생각한다. • 만나면 분통을 터뜨린다. • 편짜기를 한다.	갈등 당사자들은 • 서로 실망하고 환멸을 느낀다. • 서로 의심한다. • 더 이상 갈등을 원만히 해결할 수 없다고 믿는다. • 서로 방해하고 담을 쌓는다. • 상대에게 빈정대며 비아냥거린다. • 깊은 혐오감을 느낀다. • 만남을 멀리한다. • 형식, 규칙 그리고 절차에 집중한다.
접근법	• 갈등이 극도로 감정적이기 때문에 대화를 위한 규칙이 합의되어야 한다. • 갈등 당사자들은 의견 대립을 공개적으로 알리고 토론하려 한다. • 갈등 당사자들은 나중에야 비로소 구조적 측면과 조건들에 대해 논의하고자 한다.	• 갈등으로 소원해진 갈등 당사자들은 가장 먼저 서로 대화할 수 있어야 한다. 이를 위해 개인 인터뷰를 통해 자긍심을 강화시켜야 한다. 공방을 벌이거나 증거 제시로 시작하면 방어 및 거부 행동만 증가한다. • 갈등 당사자들은 방어 및 거부 행동이 커지면 어떻게 될지를 생각해서 자신의 행동으로 인한 결과를 인식하고 책임지게 된다. • 습관적 철회를 막기 위해 회피 전술을 저지한다.

② 갈등 전략

감정에 휩싸인 갈등 당사자는 갈등에 반사적 반응을 하지만, 전략을 세워 의도, 평가 그리고 경험을 바탕으로 계획된 행동을 하기 위한 전술도 구상한다. 전술의 기능은 전략에 달려 있다. 갈등 당

사자는 자신도 잘 모르는 전략을 구사하며, 그 전략은 전술적 행동
들을 통해 재구성되기도 한다.

갈등을 대하는 대표적인 전략은 두 가지이다.

- 포커 전략(poker strategy): 승과 패를 가르는 포커 전략은 갈등이
  란 일도양단식의 승패로만 종결될 수 있다는 신념에서 비롯된
  다. 다시 말해, 나의 승리를 위해 상대를 강제할 수밖에 없다
  는 것이다.
- 문제 해결 전략(problem solving strategy): 모두가 승자가 되는 이
  른바, 윈-윈(win-win) 문제 해결 전략은 갈등을 해결 가능한
  문제로 간주하여 모든 갈등 당사자에게 유익한 해결책을 찾는
  것이다.

〈표 2-5〉 갈등 대처 전략

갈등 대처 전략	
포커 전략 경쟁적	문제 해결 전략 협력적
태도	
갈등을 내가 반드시 이길 수 있는 경기로 본다.	갈등을 우리 공동의 문제로 본다.
의도	
나의 이해관계와 문제를 알고 있지만 공개하지 않는다. 발설하지 않고 숨기기도 한다. 상대에게 나의 요구를 강요하려 한다. 나의 목표를 반드시 관철시키고 말 것이다.	나의 이해관계와 목표를 알고 있으며 상대와 대화를 통해 솔직히 밝힐 것이다. 나와 상대가 모두 만족할 수 있는 해결책을 강구한다. 나는 공동의 목표를 추구하고 싶다.

행동	
나는 힘의 차이를 부각시킨다.	나는 힘의 균형이 이루어지도록 한다.
• 나는 처음부터 공동의 해결책에 관심이 없다는 것을 분명히 한다.	• 나는 처음부터 공동의 해결책이 중요함을 강조한다.
• 나는 상대에게 절대 의존하지 않는다는 것을 강조한다.	• 나는 우리가 서로 의존하는 사이임을 명심한다.
처음부터 상대에게 나의 감정, 이해관계와 의도를 밝히지 않는다. 나는 감추고 상대에게만 밝히라고 한다.	처음부터 나의 요구 뒤에 있는 감정, 이해관계 그리고 의도를 밝힌다.
상대 입장에 서지 않는다. 갈등을 개인화한다.	나는 경청하고 상대 입장에 서고자 노력한다.
처음부터 나는 그럴듯한 약속으로 상대를 현혹한다. 상대가 굴복하지 않으면 협박도 주저하지 않는다.	나는 상대를 현혹하거나 협박하지 않는다.
나는 비난하고 화를 내며 부정적 감정을 표출한다.	나는 부정적 감정을 표현함으로써 감정이 더 상하지 않도록 한다.
앙갚음할 때까지 격한 감정을 억제한다(냉랭 갈등).	격한 감정(분노, 조바심)을 표현한다(열렬 갈등).
나의 요구를 취소할 생각이 없음을 명백히 밝힌다.	나의 요구가 최종책이 아님을 암시한다.
상대가 양보하도록 하기 위해 친절한 척한다.	상대에게 다가가 공동의 해결책을 찾고자 한다.

연습 10: 역할 바꾸기

상황

대기업에서 일하는 부장 A, B가 서로 자신의 부하를 진급시키려고 갈등하고 있다. 그들의 상사인 상무는 두 사람에게 대화를 통해 합의하라고 명령하려 한다.

롤플레이

- 단계 1: 부장 A는 모든 수단과 방법을 써서 부장 B가 자신의 부하 진급에 동의하도록 하려 한다. 그는 상대를 굴복시키기 위해 신체적 폭력을 제외한 모든 수단을 동원할 것이다. 이와 달리, 부장 B는 A와 대화를 통해 최종 결정을 하려 한다.
- 시간: 15분, 비록 합의를 못하더라도 롤플레이를 중단한다.
- 단계 2: 역할을 서로 바꾼다. 부장 B는 신체적 폭력 이외에 가능한 모든 수단을 써서 상대가 자신의 뜻을 따르도록 한다. 부장 A는 상대가 어떤 행동을 하든 개의치 않는다.
- 시간: 15분

토론

- 롤플레이어: 롤플레이어들은 다양한 장면에서 어떻게 느꼈는가? 상대의 행동으로 어떤 감정과 생각이 생겼는가? 자신과 상대의 행동 중에 특히 설득력 있는 행동은 무엇이었는가? 역할을 바꿈으로써 어떤 결과가 나왔는가?
- 관찰자: 관찰자는 롤플레이어들과 인지한 것들에 대해 대화를 나눈다. 관찰자는 대화를 이끌어 가는 롤플레이어들의 동기를 어떻게 평가하는가? 이런 롤플레이는 일상에서 어떤 의미를 지닐 것인가?

③ 갈등 스타일

갈등 스타일은 양극단에 위치한 포커 전략과 문제 해결 전략의 조합으로 형성된다. 갈등 스타일은 갈등에 대한 개인의 반응, 태도 그리고 전략을 의미한다. 일찍이 갈등의 심리적 요소에 관한 연구를 한 블레이크와 무통(Blake & Mouton, 1980)은 리더십 스타일에 착안하여 갈등 스타일에 관한 이중 관심 모델(dual concerns model)을 개발하였다. 이 모델에 따르면 갈등 스타일은 두 가지 지향(orientations)의 조합으로 형성된다.

- 자아: 자신, 자신의 관심사, 이해관계 그리고 목표에 초점을 맞춘다.
  - 의지: 자신을 위해 가장 좋고 많은 것을 갖고자 한다.
  - 결과 1: 상대에게 굴복하지 않는다.
  - 결과 2: 자신의 이해관계를 강제적으로 관철시킨다.
- 타자: 상대, 상대의 관심사, 이해관계 그리고 목표에 초점을 맞춘다.
  - 의지: 상대가 잘되길 바란다.
  - 결과 1: 상대에게 책임감을 느낀다.
  - 결과 2: 자신의 이익보다는 합의가 더 중요하다.

갈등 스타일은 토마스(Thomas, 1976)의 척도를 통해 확인할 수 있다.

연습 11: 갈등 스타일

다음 질문에 가장 알맞은 답에 V표시를 하시오.

1. 모든 갈등은 감정을 동반한다. 당신은 갈등 상황에서 어떤 감정이 드는가?

   가) 나는 답답한 감정을 발산할 수 있어 정말 재미있다. ○

   나) 나는 갈등으로 인해 엄숙한 기분이 든다. 상대의 생각과 감정에 대해 생각한다. ○

   다) 나는 화가 나거나 체념하여 효과적인 해결책을 찾을 수 없어서 좌절한다. ○

   라) 나는 갈등이 재미있지만 그렇다고 감정적으로 더 격해지지 않는다. ○

   마) 나는 갈등이 두렵다. 상대에게 상처를 줄 것 같아 겉으로 표현하지 못한다. ○

2. 어떤 이유로든, 당신은 친구에게 화가 난다. 당신은 어떤 행동을 할 것인가?

   가) 나는 그 친구에게 왜, 그리고 무엇에 대해 화가 나는지 말한다. 그리고 상대에게 어떤 기분인지 묻는다. ○

   나) 나는 친구가 나를 분노케 하여 화가 난다. ○

   다) 나는 몹시 화가 나면 묻지 않고 폭발한다. ○

   라) 나는 분노하는 것이 두렵다. 분노하면 나중에 후회할 행동을 한다. 그래서 불만을 억누르고 반대로 행동한다. ○

   마) 남을 해치지 않는 한 정당한 분노는 모두를 위해 좋은 것이다. ○

3. 동료가 이의를 제기하는 바람에 회의가 항상 지연된다.

   가) 나는 동료의 편을 들어 자신의 주장을 할 수 있도록 한다. 동료가 회의 참석자들을 설득하지 못하면 다수결에 붙여야 한다. ○

   나) 나는 동료가 왜 문제를 다른 참석자들과 다르게 보는지 파악하려 한다. 모두 그의 주장을 그의 입장에서 듣는다면 그를 더 잘 이해할 수 있다. ○

다) 의견이 많으면 팀워크가 마비된다. 나는 다른 의제로 넘어가도록
참석자들을 밀어붙인다.   ○

라) 그 동료 때문에 우리가 일을 하지 못한다. 나는 이 사실을 공개하
고 필요하다면 그 동료를 제외하고 일할 것을 요구한다.   ○

마) 다른 사람들이 다투는 경우, 나는 개입하지 않는다. 누구든 동료가
자신의 의견을 어떻게 관철시키는지 지켜봐야 할 것이다.   ○

4. 팀은 다른 팀과 협정하고 조율해야 할 일들이 많다. 당신은 어떤 기준
으로 팀장을 뽑을 것인가?

가) 팀장은 우리 의견을 가장 잘 대변할 수 있어야 하지만, 동시에 유
연성을 발휘하여 우리 입장을 다른 팀의 주장에 견주어 검토하여
최적의 결정을 할 수 있어야 한다.   ○

나) 팀장은 우리 입장을 교묘하게 대변해야 하지만, 우리가 곤경에 빠
지는 일을 해서는 안 된다.   ○

다) 팀장은 상대 팀과 갈등을 예방하기 위해 협조적이고 친절하며 겸
손해야 한다.   ○

라) 팀장은 당당하게 협상하고 양보하지 말아야 하며 우리 입장을 최
대한 관철시켜야 한다.   ○

마) 나는 처음부터 타협에 응하는 사람을 선호한다.   ○

연습 11: 나의 갈등 스타일-평가

	통합	타협	순응	경쟁	회피
1	나	라	마	가	다
2	가	마	라	다	나
3	나	가	다	라	마
4	가	마	다	라	나

통합, 협상, 순응 그리고 회피는 일관적이어서 이해하기도 쉽다.
이에 반해, 경쟁은 복잡해서 은밀히 간접적으로 진행되거나 공개
적이고 직접적으로 시도된다. 따라서 경쟁은 세분하여 살펴보아야
한다(Van de Vliert & Jansson, 2001).

각각의 갈등 스타일을 간략히 정의하면 다음과 같다.

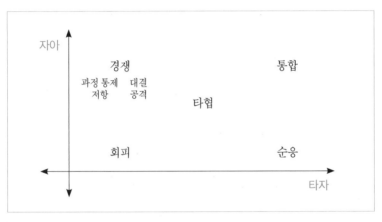

[그림 2-4] 갈등 스타일

〈표 2-6〉 갈등 스타일

갈등 스타일	특징
통합	• 서로에게 유리한 합의를 하고자 하는 의지를 강조한다. • 자원을 확대하고 새로운 방안을 모색한다. • 배상이나 보상을 제시한다. • 기본욕구를 충족한다.
협상	• 이슈들을 분류한다(파편화). • 서로 양보한다. • 자신의 요구나 목표를 줄인다. • 신속한 해결책을 강구한다.

순응	• 조화와 협력을 바라는 열망을 표현한다. • 상대의 요구 사항을 받아들인다. • 자신을 낮추고 체념하며 복종한다. • 어떤 대가를 치르더라도 합의하려 한다.
회피	• 대화나 논쟁을 피한다. • 갈등을 부정하거나 사소한 것으로 치부한다. • 이슈에 대해 말할 용기가 없고 신소리를 하며 책임을 지지 않는다. • 관계를 단절하고 현재 상태로 만족한다.
경쟁	• 공개적이고 직접적으로 　**대결** 　　－상대로 하여금 나의 욕구좌절에 관심을 갖도록 한다. 　　－이슈를 공개적으로 언급한다. 　**공격** 　　－위협 　　－상대보다 나의 이익이 중요하다. • 은밀하고 간접적으로 　**과정 통제** 　　－자신의 이익을 위해 절차를 이용한다. 　　－안건과 규칙을 자신에게 맞게 만든다. 　**저항** 　　－상대의 계획을 방해한다. 　　－상대가 모르게 동맹을 맺는다.

• 가장 좋은 갈등 스타일이란 없다. 갈등 상황마다 다른 스타일이 요구된다. 갈등처리 역량은 상황에 적합한 스타일을 선택하여 유연하게 대응할 수 있는 능력으로 나타난다.

• 우리는 각자 자신의 고유한 스타일을 개발한다. 어떤 갈등에 특정 스타일로 반응하다가 지속되지 않으면 다른 스타일로 교

체한다. 이러한 일련의 과정은 당사자에게는 습관이 되고 상
대는 그의 전형적인 스타일로 인식한다. 연습 12를 통해 개인
적으로 선호하는 스타일을 확인할 수 있다.

• 경쟁은 은밀하거나 공개적으로 이루어진다. 냉랭 갈등에서는
갈등 당사자들이 은밀하게 경쟁하지만, 열렬 갈등에서는 공개
적으로 경쟁한다. 협력 또한 합의나 협상을 통해 적극적으로
하지만 양보나 회피를 통해 소극적으로 할 수 있다.

• 통합과 타협은 사회적으로 선호되는 갈등 스타일이다. 갈등을
가장 잘 해결할 수 있는 방법을 물으면 대부분의 사람은 통합
과 타협을 꼽는다. 하지만 통합과 타협으로 해결되지 않을 경
우 어떻게 하는가? 우리는 선천적이고 생애를 통해 학습된 경
쟁과 양보 또는 회피의 갈등 스타일을 취한다. 상대도 내가 어
떤 스타일을 취할 것인지 알고 있다.

• 갈등행동은 특정 스타일의 표출이 아니라 여러 스타일이 복잡
하게 혼합된 결과이다. 예를 들어, 가부장주의(paternalism)는
수용과 돌봄의 결합으로서 경쟁, 통합 그리고 순응의 복잡한

[그림 2-5] 갈등 스타일 평가

조합이다. 갈등행동은 다양한 요소가 혼합된 복잡하고 다의적 인 패턴이다.

• 갈등 스타일은 효과성과 적절성에 따라 평가된다.

  −효과성: 갈등 스타일로 자신 또는 상대의 목표가 달성되었는가?

  −적절성: 갈등 스타일로 관계 훼손이나 규범 위반을 막을 수 있는가?

부부갈등 해소

서로 애정으로 살아가는 부부는 자신들의 갈등 문화에 따라 발 전하지만 헤어지기도 한다. 부부관계의 질은 쟁점보다는 갈등 방 식에 더 좌우된다. 갈등 스타일 유형은 부부의 갈등행동을 구체적 으로 확인하는 데도 적절하다(Herzberg & Sierau, 2010).

부부갈등 해소 스타일 검사

투쟁적 갈등 스타일

• 인신공격하거나 모욕한다.

• 폭발하거나 통제력을 잃는다.

• 벌컥 화를 내며 추후 후회할 일도 발설한다.

• 빈정대며 함부로 막말을 한다.

긍정적 갈등 해소

• 현안에 집중한다.

• 마주 앉아서 차분히 이슈에 대해 이야기한다.

• 서로 수용할 수 있는 해결방안들을 강구한다.

• 사안에 대해 협상하고 타협점을 찾는다.

철회

- 장기간 말을 하지 않는다.
- 한계에 도달하면 입을 닫고 상대와 더 이상 말하지 않는다.
- 상대를 거들떠보지 않는다.
- 위축되고 무관심하다.

양보

- 자신의 이해관계를 내세우지 않는다.
- 순종한다.
- 자신의 입장을 고집하지 않는다.
- 자신의 의견을 내세우지 않고 양보한다.

이 검사지를 통한 연구(Herzberg & Sierau, 2010, p. 104)에서 밝혀진 갈등 주제와 관련된 몇 가지 흥미로운 결과는 다음과 같다.

- 갈등을 투쟁적으로 또는 양보하여 해결하려는 경향이 강한 부부는 관계에 불만족하지만, 긍정적 갈등 해소 스타일을 지닌 부부는 관계에 만족한다.
- 철회는 부부가 겉으로는 평화로워 보이지만, 속으로는 불만스럽다.
- 갈등 스타일은 현실적 스트레스 여부와 상관 없으며 개인들이 갈등을 어떻게 해소하는지 그 전형적인 방법을 보여 준다.

연습 12: 나의 갈등 스타일

롤플레이:

상황 A: 평가에 관한 대화

상사는 부하직원의 업무성과를 5점 만점에 3점으로 평가하였다. 이에 대해 부하직원은 5점 아니면 최소한 4점은 받을 것이라고 생각했다. 상사는 3점으로 그 직원을 설득하려 한다.

상황 B: 가계지출

최근 부인이 소득보다 더 많은 지출을 하였다. 남편은 부인의 지출을 줄이려고 한다.

상황 C: 말 많은 동료

사무실에 동료 네 명이 함께 일하고 있다. 그중 한 명이 전화를 하거나 고객 또는 동료와 대화할 때 너무 시끄럽고 크게 웃기까지 한다. 이에 신경이 거슬린 또 한 명의 동료가 앞으로는 조용히 대화하도록 하려 한다.

안내:

부하직원, 부인 그리고 시끄러운 동료는 자신의 생각이나 행동을 고수한다.

상사, 남편 그리고 동료는 상대를 변화시키려 한다.

관찰자는 자세히 살펴보고 피드백을 한다.

- 상사, 남편, 동료는 시작과 종료를 각각 어떤 스타일로 하는가?
- 각자 어떤 스타일을 구사하는가?

④ 갈등증후군

도이치(Deutsch, 1976)에 따르면 갈등증후군은 네 가지 갈등 징후로 형성된다. 갈등 징후들은 스스로 강해지고 서로 승강이를 벌이기도 한다. 관계 또는 집단에서 특정 징후가 보이면 머지않아 다른 징후들도 가세한다. 징후를 알게 되면 갈등을 적기에 인식해서

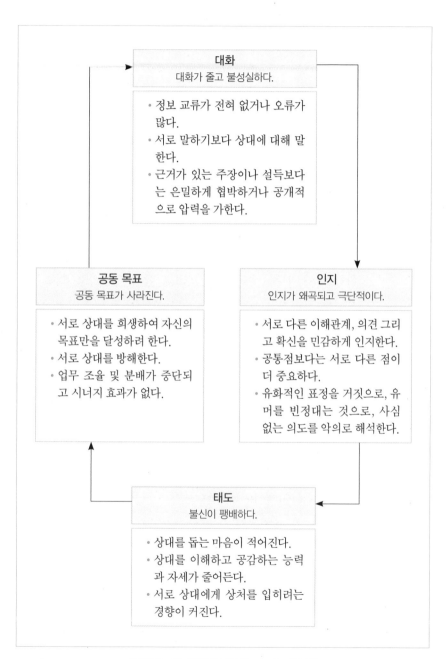

[그림 2-6] 갈등증후군(Deutsch, 1976)

저감시킬 수 있다.

- 갈등 징후는 갈등이 있음을 알리는 초기 신호로서, 갈등 예방 시스템이 작동하는 계기가 된다. 초기 사소해 보이는 불화가 갑자기 갈등으로 돌변하는 경우가 많다. 갈등에 대한 관심이 빠를수록 대처도 더 수월하다는 것이 기본 원칙이다. 갈등 징후는 적절한 조치를 취할 기회를 제공한다.
- 갈등 징후는 또한 갈등 저감을 위한 출발점을 제공한다. 갈등 역동은 전진하기도 하고 후진하기도 한다. 갈등증후군을 구성하는 대화, 인지, 태도, 공동 목표는 각기 다른 방향으로 갈등을 고조시키거나 약화시킨다. 갈등을 저지하거나 약화시키는 방법으로는 개방적 대화, 편견이나 인지왜곡의 제거, 신뢰할 수 있는 조치 이행, 공동 목표 합의 등이 있다([그림 2-6] 참조).

(4) 갈등 진행

갈등은 장기간 중단되거나 변하지 않은 것처럼 보일 수도 있지만, 실제 정지된 갈등이란 없다. 모든 갈등은 고유의 역사를 지니고 있다. 두 당사자 사이에서 시작된 갈등은 주위를 끌어들이며 그 정도가 약해지거나 강해지면서 그 특성과 형태도 변한다. 따라서 관찰된 갈등 형태는 관찰 시점에서의 특징만을 나타낸다. 관찰자의 존재와 제삼자의 개입은 이미 갈등의 변화를 의미한다. 갈등은 고유의 역동이 있다. 그 역동은 당사자들로 하여금 방향을 바꾸고 적절한 해결책을 찾도록 한다. 갈등 역동이 가하는 해결 압력은 일종의 에너지로서 갈등 당사자에 의해 억제될 수도 있지만, 역으로 갈등 당사자를 압도하여 지배하기도 한다. 다시 말해, 갈등 당사자는 그 에너지를 통제하여 갈등을 해결하는 데 활용할 수 있지만, 역으로 그 에너지가 분출되어 갈등 당사자를 파괴시킬 수도 있다. 갈등 진행경로는 시간에 따라 과거, 현재, 미래로 구분하여 분석할 수 있다.

물론 어떤 당사자는 갈등을 고조시킬 여건을 조성하여 갈등을 의도적이고 전략적으로 고조시킬 수 있다. 위험을 무릅쓰고라도 갈등을 가열시킬 수도 있지만, 상대의 반응만은 임의적으로 정할 수 없다. 쉽게 고조되는 사람은 통제력을 잃는다. 갈등 고조를 전략적으로 조절하기 위해서는 고조시킬 수도 저감시킬 수도 있어야 한다. 고조와 저감의 두 전략을 능수능란하게 혼용할 수 있어야 갈등으로부터 지배당하지 않고 갈등을 지배할 수 있다. 따라서 갈등 당사자가 어떻게 대처하느냐에 따라 갈등은 다양하게 진행된다.

갈등은 아무도 완화시키지 않으면 자체 역동으로 점차 고조된다. 라포포트(Rapoport, 1976)는 갈등 고조를 논쟁, 승부 그리고 결투 단계로 구분하고, 글라스(Glasl, 2006)는 각 단계를 3단계로 세분하여 총 9단계로 구분한다(〈표 2-7〉 참조).

갈등 고조를 저지하기 위해서는 갈등 당사자들 중 한쪽이라도 갈등이 낮은 단계에서 멈추도록 한다는, 즉 말로는 옥신각신하지만 행동은 하지 않는다는 의식과 단호함이 필요하다. 전형적 갈등 고조 경로는 갈등을 저지하는 개입이 없으면 자체 역동에 의해 '논쟁(debates)' '승부(games)' '결투(fights)'의 세 단계(Rapoport, 1976)로 고조된다.

〈표 2-7〉 갈등 고조 단계

갈등		
논쟁 말	**승부** 행동	**결투** 충격
• 상대는 설득해야 할 파트너이다. • 말로 논쟁한다. • 갈등 당사자들은 수려한 언변으로 근거를 주장하고 심리적 전술을 쓴다.	• 상대는 이겨야만 하는 적수이다. • 승부는 상대를 궁지에 빠트러서 항복하도록 하는 것이다. • 당사자들은 어느 정도 경기 규칙을 준수한다.	• 상대는 적수로서 개인적으로 만나 억압하거나 피해를 입혀 결국에는 제거되어야 한다. • 결투에서는 폭력을 포함한 모든 수단을 동원한다.
• 논쟁은 옳거나 진실된 의견이 있을 때만 의미가 있다. 하지만 상대는 충분한 정보가 없거나 논리적으로 생각할 수 없다.	• 승부는 당사자들의 힘이 동등해야 한다. • 힘에 차이가 있으면 은폐된 행동을 하거나 곧바로 결투로 이어진다.	• 갈등은 상대가 해악의 원인이라고 여겨질 때 결투가 된다.
• 논쟁으로서 갈등은 한쪽이 상대의 주장을 수용, 즉 설득될 때 끝난다.	• 승부로서 갈등은 승패가 가려지면 종결된다.	• 결투로서 갈등은 한쪽이 상대를 제거하면 종료된다.

1.
입장
강화
　　2.
　　양극화
　　　　3.
　　　　말 대신
　　　　행동
　　　　　　4.
　　　　　　편짜기
　　　　　　　　5.
　　　　　　　　체면 손상
　　　　　　　　　　6.
　　　　　　　　　　위협
　　　　　　　　　　　　7.
　　　　　　　　　　　　신체적
　　　　　　　　　　　　가해
　　　　　　　　　　　　　　8.
　　　　　　　　　　　　　　상대
　　　　　　　　　　　　　　제거
　　　　　　　　　　　　　　　　9.
　　　　　　　　　　　　　　　　공멸

논쟁

갈등 초기에는 대개 논쟁이 있기 마련이다. 갈등 당사자들은 자신의 의견을 제시하면서 서로 상대를 설득하려 한다. 상대를 공통점이 있는 파트너로 간주한다. 논쟁을 통해 합의가 도출되지 않으면 갈등은 당사자를 자극하여 참을성을 잃게 하고 행동하도록 한다.

승부

승부를 가르는 행동은 상대를 불리한 행동을 할 수밖에 없는 상황으로 몰아가 체면을 깎기 위한 것이다. 예를 들어, 의도적으로 문제를 일으켜 주위나 상사에게 알린다. 이런 행동은 전략적으로 상대를 무력화하여 꼼짝 못하도록 하기 위한 작전이다. 이 단계에서 상대는 물리쳐야 할 적수가 된다. 승리하지 못하면 필승의 결의가 커진다.

결투

결투는 갈등을 종식시키는 마지막 수단이다. 결투는 정중한 방법(예: 재판)으로 시작된다. 하지만 이마저도 수포로 돌아가면 더 이상 주저할 게 없다. 상대를 위협하고 불법적 방법(예: 집단 따돌림, 태업)으로 신체적 폭력까지 행사한다. 목적은 원수인 상대를 굴복시키는 것이다. 최악의 경우, 자신을 희생해서라도 상대를 제거하려 한다[영화〈장미전쟁(The War Of The Roses)〉, 1989].

예		
프로젝트 팀원 두 명이 프로젝트 매니저의 시간 계획을 비현실적이라고 한다. 팀에서 현실적 방안을 놓고 언쟁이 벌어진다.	두 직원이 프로젝트 매니저의 자리를 놓고 경쟁한다. 두 사람은 계획된 행동(험담, 편짜기, 경영진과 접촉 등)으로 상대를 끌어내리려 한다.	새로 부임한 젊은 사장이 새로운 판매전략을 지시했지만 노련한 부장은 그 전략을 따르려 하지 않는다. 사장은 부장에게 타 부서로 옮기든지 아니면 퇴사할 것을 종용한다.

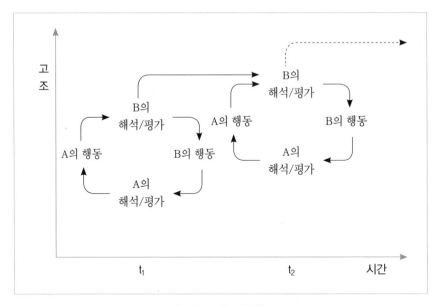

[그림 2-7] 악순환

갈등 고조의 원인은 다양하지만 가장 중요한 원인은 [그림 2-7]과 같이 갈등 당사자 간 상호작용에서 표출되는 과거 경험과 자극-반응 행동이 만들어 내는 악순환이다.

① 악순환 테제

· 악순환은 자체 역동이 있다. 그 역동은 현재 갈등과는 상관 없지만 현재 갈등에 투사되는 과거 개인생활에서 발생한 사건들로부터 에너지를 공급받는다. 그 사건들은 평생 원동력으로 작용한다.

· 악순환은 외부에 귀인하고 책임을 전가하도록 한다. "상대가 ……하니 나도 ……할 수밖에 없다."는 식이다. 모두가 희생자

이며 가해자는 없다. 모두 자신이 옳다고 믿는다.

- 갈등 당사자들 자체가 문제의 일부분이기 때문에 통찰만으로
는 아무것도 변화시킬 수 없다. 서로 불신하기 때문에 대화가
어렵다. 제삼자만이 악순환을 끊을 수 있다. 악순환으로부터
탈출하는 유일한 방법은 다른 행동을 하는 것이다.

(5) 갈등 결과 및 영향

갈등은 종료까지 수많은 갈등 에피소드로 진행된다. 그 결과는
세 가지 측면에서 살펴볼 수 있다.

〈표 2-8〉 갈등 결과 및 영향

결과	과정	영향
신념과 변화	갈등 당사자의 신념, 태도 그리고 행동이 바뀐다. 상대의 의견을 따르거나 새로운 의견을 따른다.	• 해결: 실제 갈등이 해결되어 더 이상 반복되지 않는다.
이익과 손해, 승리와 패배	한쪽은 승리하고 상대는 패한다. 승자는 적을 만들고 패자는 복수를 다짐한다는 말이 있듯이 승과 패는 현실적 삶이 아니라 경쟁과 관련된 사안이다. 따라서 승패에 따른 결과는 항상 현재 힘의 관계가 유지되는 한해서만 지속된다.	• 타결: 원칙에 따라 승리, 패배 또는 무승부가 가려지면 갈등은 종결된다. • 새로운 국면: 갈등은 단지 일시적으로 종료된다. 재심이 가능하다. • 회귀: 한 당사자가 결과를 수용하지 않거나 '가짜 갈등'이 발생한다.
피해 수용과 새로운 시작	전면전 후에 생존자는 자신의 피해를 파악하고 새로운 시작을 하는 수밖에 없다.	• 상대가 없기 때문에 고통(피해 또는 손실)은 내적으로만 해소될 수 있다.

갈등의 결과와 영향은 갈등 당사자의 심리사회적 특성, 즉 갈등을 내적으로, 또는 상대와 해결할 수 있는 능력에 달려 있다. 관찰자의 관점에서 보면 갈등 당사자 간 관계 차원에서 종결된 갈등(예: 이혼)이라도 갈등 당사자의 내면에서 계속 지속될 수 있다. 히브리의 족장 욥이 간증하기를 사람들은 피해를 입으면 그 원인인 원수를 찾다가 찾지 못하면 하느님을 향해 원망한다고 한다.

갈등 대처

갈등에 감정적으로, 지적으로 대처하기 위해서는 갈등에 대해 실질적으로는 적절히, 사회적으로는 원만히 그리고 도덕적으로는 책임 있게 대처하는 방법을 훈습할 수 있는 기반이 마련되어야 한다. 갈등은 쉽게 감내할 수 있는 대상이 아니다. 갈등은 체계적이고 건설적인 영혼을 필요로 한다. 이런 영혼이 없으면 갈등은 폭발력과 함께 파괴적 역동으로 발전한다. 인류 역사와 개인의 경험들이 이를 뒷받침한다. 갈등 대처는 본질적으로 필요할 뿐만 아니라 인간으로서 의무이기도 하다. 우리는 이론적 호기심이 아니라 도덕적 신념으로 갈등을 다룰 것이다. 갈등 대처를 통해 개인의 성격이 형성되고 변화하며, 공동체가 질서를 유지하거나 파괴되고, 국가 간 관계가 원만해지거나 적대적으로 변하기도 한다.

1. 갈등 대처 원칙

우리는 많은 문헌에서 해결, 관리, 동기, 대처, 정리 등 갈등처리와 관련된 여러 개념을 접하게 된다. 언어가 실재를 구성하므로 신중한 개념 선정은 사소한 일이 아니다. 갈등 해결은 문제 해결을 연상시킨다. 문제는 제거하거나 포기하면 해결된다. 우리의 주제는 문제가 아니다. 갈등은 문제와 다른 사안이다. 갈등 실행자는 생각과 야망이 있는 인간이다. 인간은 사라지지 않고 계속 존재한다. 갈등을 궁극적으로 해결하려면 반드시 갈등 실행자를 제거하여야 한다. "최종 해결(나치 정권의 유대인 전멸 계획-역자 주)"은 문제 해결적 사고의 산물이다. 이 같은 역사적 유산을 고려해서라도 "갈등 해결"보다는 "갈등 대처"가 더 적절한 표현일 것이다. "해결"이 단지 세련되고 이해하기 쉽기 때문에 "갈등 해결"이라고 한 것은 과장된 표현이 아닐 수 없다. 과격한 해결책을 찾는다면 이 단어를 쓸수밖에 없을 것이다. 하지만 이로 인해 정확한 용어 사용은 점점 더어려워질 것이다.

갈등 대처는 갈등 당사자가 갈등을 통제하고 지배함으로써 생활세계에서 행동력을 되찾는 것이다. 갈등 당사자의 이런 노력이 어떤 결과를 낳을지는 미지수이다. 갈등은 실제로 종료될 수 있지만다른 차원(예: 개인 내면)에서 지속되기 때문에 쇠퇴하거나 억제되지 않는다. 갈등 당사자는 갈등과 함께 사는 방법을 학습해 왔다. 갈등은 해결이 아니라 대처할 대상이다. 다시 말해, 갈등이 사람을지배한 것이 아니라 사람이 갈등을 지배하는 것이다.

갈등 대처는 갈등을 처리할 수 있는 사람의 자질에 초점을 맞춘용어로서 "해결책들"에 대한 윤리적 평가 원칙 및 한계를 정하고갈등 유형을 분류하는 기준이 된다.

1) 갈등처리능력과 성격

갈등은 순환적 속성이 있다. 개인 내면으로부터 시작된 갈등은 행동으로 표출되어 더 확대되고 격해지면서 새로운 순환을 만들어 재발되거나 다시 개인 내면으로 회귀하여 개인에 머문다(3장 4절 1) 협력적 갈등 대처 대화 참조). 갈등의 생성, 진행경로, 소멸은 인간에게달려 있다. 갈등을 다루는 주체는 임의의 힘도, 탈개인화된 지배구조도, 제도적 구조도 아니기 때문이다. 인간만이 갈등을 다룬다.

인간은 무엇으로 갈등에 대처하는가? 인간의 합리성인가, 인내심인가, 도덕성인가? 간단히 말해, 갈등처리능력이 있는 사람은 어떤 사람인가? 갈등의 기본 구성요소에서 그 실마리를 찾을 수 있다. 모든 갈등은 인간을 괴롭히고 열망을 좌절시키고 불균형을 야기한다. 인간은 이런 피해를 무시할 수 없다. 갈등을 의식적으로 떨쳐버리려 해도 갈등으로 인해 삶이 피폐해지고 생활도 제대로 할 수 없다. 갈등 당사자는 의식적이든 아니든 갈등에 대응해야 한다. 이를 공식으로 표현하면 다음과 같다.

갈등 당사자 P → | 갈등 Z

갈등으로 인한 긴장(스트레스)을 해소하려면 무엇이 필요한가? 갈등 압박에 맞설 수 있는 행동력이 필요하다. 갈등 당사자는 그 압박을 약화시키고 흡수하여 합목적적 행위로 이끌 수 있는 내면의 공명 공간이 있어야 한다. 이 완충장치의 규모와 밀도는 〈표 3–1〉과 같이 개인적 특성에 좌우된다. 갈등 당사자는 서로 긴장관계에 있는 이 특성들에 따라 행동할 수 있다.

- 갈등처리능력이 있는 사람은 아우구스티누스(Augustinus)가 '영혼의 확장(Ausdehnung der Seele)'이라고 명명한 내적 지지력이 있다. 내적 지지력으로 대립하는 충동들을 길들일 수 있다.
- 반대로 대립적인 사람은 편협하고(라틴어 angustia＝불안) 융통성이 없어 의견 차이를 용납하지 못한다. 긴장을 견디지 못해

〈표 3-1〉 갈등처리능력의 특성

특성	갈등처리능력이 있는 사람의 능력과 의지
유연성과 정체성	주위와 상황을 고려하지만 자신의 목표를 견지한다.
자존감과 배려	건실한 인격을 도야하지만 아이디어와 타인을 존중한다.
회복탄력성과 행동능력	애매하거나 모순적 상황을 견뎌내지만 결연하고 솔직하게 행동한다.
자율성과 타율성	개인적 의견을 주장하지만 타협할 수 있다.
신뢰와 신중	타인을 신뢰하지만 신중하고 실망을 염두에 둔다.
에토스와 관용	질서를 지키지만 타인의 가치도 존중한다.

밖으로 폭발하거나 속으로 터트리지만, 스스로 갈등에 맞서 인내하면 갈등처리능력을 함양할 수 있다.

〈표 3-1〉의 상위 다섯 가지 특성은 전통적인 영리(cleverness)의 미덕을 풀어 쓴 것이다. 영리는 "이로운 것과 불리한 것을 비교하는 것이다(Epicurus)." 영리는 목적이나 가치가 아니라 도구와 관련된 미덕이다. 영리한 사람은 "적절한 수단만 생각한다. 영리는 사랑과 정의와 같은 목적이 아니라 수단의 미덕이다." (Comte-Sponville, 1996, p. 47)

영리는 오늘날 평판이 좋지 않다. 교활하게 타인을 속여서 자신의 이익만을 챙기기 위해 전술적으로 행동하는 사람을 영리하다고 한다. 영리는 윤리적으로 엉큼한 기회주의쯤으로 퇴색되었다. 고전에서도 행동이 아니라 사람을 영리하다고 한다(Luckner, 2005). 물론 영리한 사람은 이익만을 추구하고 타인을 교묘하게 이용할 수

있지만 무조건적으로 그렇게 하지는 않을 것이다. 미덕으로서 영리
는 삶을 최대한 소진하는 것이 아니라 최적으로 영위하도록 한다.

영리가 평판이 좋지 않은 이유는 윤리와 일상의 분리 때문이다.
우리는 일상적으로 사업을 하면서 윤리는 개의치 않는다. 윤리는
고급 종이로 만든 홍보 전단에서만 강조될 뿐이다. 근대사회에서
는 효율(성공)과 도덕(윤리)이 따로 존재한다. 전략적으로 생각하는
사람은 도덕을 안중에 두지 않는다. 그런 사람은 지적이고 유능하
지만 영리하거나 지혜롭지는 않다(Berkel, 2013). 약삭빠르게 성공
만 좇는다면 어리석은 짓이 아닐 수 없다.

갈등처리능력은 인성 형성의 기본 전제조건이다. 인성은 학습과
함께 내면의 긴장(상반된 감정, 충동, 가치 딜레마)을 인정하고 다스
리는 과정에서 형성된다. 갈등을 인내하고 처리할 수 있는 사람은
자제력을 잃거나 경직되지 않고 상대와 자신을 고통스럽게 하지
않는 인성을 지닌다.

2) 갈등 대처의 윤리적 평가

갈등 대처는 인간이 풀어야 할 과제들 중에 하나이다. 갈등 당사
자 또는 관련자들은 갈등 대처를 그 과정과 결과의 좋고 옳음을 기
준으로 평가한다. 좋고 옳음은 윤리적 사안이다. 철학적으로 보면
갈등은 윤리의 '근원지'이다(Spranger, 1966).

심리학을 포함한 사회과학은 윤리적 기준을 세울 능력도 권한도
없지만, 그 속성상 개입(intervention)과 상담의 규범적 토대가 되는
가치, 규범 그리고 미덕을 참조한다. 피카스(Pikas, 1974)는 생명,

자기결정, 공정성, 상호성의 네 가지 가치에 따라 갈등 대처를 윤리적이고 건설적인 것으로 인정할 것인지 아니면 파괴적인 것으로 거부할 것인지를 판단한다(〈표 3-2〉 참조).

〈표 3-2〉 갈등 대처의 윤리적 평가

가치	파괴적인 것으로 거부	건설적인 것으로 적용 가능
생명	• 신체적, 심리적 또는 정신적 삶을 파괴한다. • 비하하고 무시한다.	• 생활방식들을 보호하고 촉진한다. • 존엄성을 보호하고 존중한다.
자기결정	• 사고와 행동의 자유를 탄압한다.	• 어른다운 자기책임을 인정하고 장려한다.
공정성	• 기본적 ─인간 욕구 ─사회적 관심사 ─객관적 요구를 무시한다.	• 공정성을 현명하게 지킨다. ─성과 공정성 ─권리 평등 ─필요 욕구
상호성	• 의존적으로 만든다. • 타인을 이용한다.	• "황금률"을 준수한다.

네 가지 가치의 추상적 의미에 이의를 제기할 사람은 없을 것이다. 하지만 이들 가치는 행동 수준으로 구체화하면 논쟁거리가 될 것이다. 생명, 자기결정 등에 대한 올바른 해석을 놓고 벌이는 논쟁은 당연히 가치갈등으로 번질 수 있다(3장 3절 1) (3) 가치갈등 순치 참조). 가치는 윤리적 판단의 첫 번째 기준이다.

갈등 대처의 윤리성을 명확히 가늠하는 데 있어 규범은 가치보다 더 실질적이고 구속력도 크다. 최근 공정성이 특히 강조되는 현실에서 갈등 대처는 당사자가 상대에게 공정하게 행동하고 공정한 방법을 사용할 때 윤리적이고 공정하다(〈표 3-3〉 참조). 연구자, 컨설턴트, 강사, 모더레이터, 조정가 등의 외부 전문가는 조직갈등의 예방 및 대처를 위해 과학적 방법을 전문적으로 활용할 뿐만 아니라 윤리적으로도 책임 있는 행위를 해야 한다. 그들은 공정성 원칙에 따라 행위할 때 윤리적이다. 비윤리적이면 신뢰뿐만 아니라 갈등 대처 과정 및 결과에 대한 동의도 얻지 못할 것이다.

〈표 3-3〉 공정한 갈등 대처의 조건

절차 공정성	
공정한 행동 인간적 측면	공정한 절차 형식적 측면
• 배려: 개방, 관대, 친절 • 진실성: 객관성과 균형을 위한 노력에 기반한 신뢰 • 유연성: 합당한 이유가 있을 시 예외 허용 • 피드백: 신속한 피드백은 생각할 여유를 준다. • 규명: 갈등 배경과 합의 결과 규명	• 참여: 갈등 당사자들이 참여한다. • 일관성: 절차는 기회균등을 보장한다. • 불편부당: 제삼자가 중립적이면 해결에 대한 기대가 커진다. • 정확성: 결정에 필요한 모든 정보가 활용된다. • 도덕적 기본권: 사생활에 대한 간섭 금지, 차별 금지

3) 갈등 대처 방식

갈등 대처는 갈등 당사자 또는 제삼자(컨설턴트, 조정가, 중재자, 권력기관)가 갈등을 개별적으로 또는 공동으로 제대로 체험하고 목표에 맞춰 행위할 수 있기 위해 꾀하는 모든 구상과 방법을 아우르는 개념이다.

조직에서 갈등 대처는 갈등 '장소'인 개인 내면, 조직원 간 관계 그리고 리더의 임무에 따라 그 유형이 [그림 3-1]과 같이 정해진다. 내적 갈등은 의사결정갈등 또는 역할갈등으로 일컫는다. 리더의 임무는 갈등 대처의 세 가지 전략에 따라 구분된다. 첫 번째 전략은 갈등 잠재요소를 바꾸는 것이다(예방 또는 자극). 두 번째 전략은 조직의 주요 세 가지 가치인 과업, 관계 그리고 가치의 논리에 따른 관련 이슈들을 처리하는 것이다. 세 번째 전략은 리더가 적극적으로 갈등 담당자 역할을 하거나 소극적으로 갈등을 제삼자에게 위임하는 정도의 역할을 하는 것이다. 조직원 간 갈등은 협력적 갈등 대처 대화 또는 철저하고 공정한 협상을 통해 생산적으로 해결될 수 있다. 협력적 갈등 대처 대화는 6단계로 진행된다([그림 3-12] 참조).

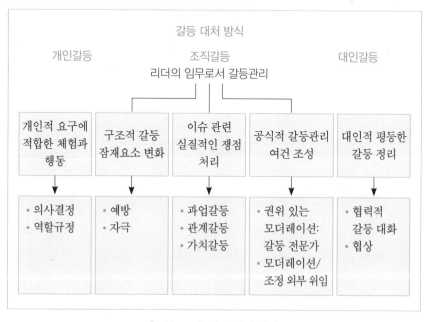

[그림 3-1] 갈등 대처 방식

갈등에는 해결 압력이 내재되어 있다. 갈등은 미해결 상태로 장기간 지속될 수 없다. 갈등은 결심과 종결을 재촉한다. 그 이유는 인간이 다시 충분히 깨우치고 적극적으로 행위할 수 있기 때문이다. 우리가 갈등에 몰두하는 것은 이론적 관심 때문이 아니라 갈등으로 인한 압박 및 긴장 상황을 어떻게 다룰 것인지를 인식하고 학습하길 바라기 때문이다.

갈등 대처의 목표는 두 가지 방향에서 정해진다.

- 갈등을 어떻게 예방할 것인가? 갈등 표출을 어떻게 줄일 수 있는가? 갈등을 억제하는 것이 왜 바람직한가?
- 이미 표출된 갈등을 어떻게 극복하면 그 피해를 예방할 수 있는가? 그런 갈등을 어떻게 이용할 것인가?

2. 심리적 갈등 대처

내적 갈등은 다음과 같은 특성을 지닌다(Thomae, 1974).

- 우리(자아)는 충격을 받는다.
- 우리는 갈등의 결과를 생각한다.
- 우리는 긴장 해소 압박을 느낀다.
- 우리는 무엇을 해야 할 것인지 불안하다.
- 우리는 갈등 상황으로 스트레스를 받는다.

연습 13: 내적 갈등 의식

편안한 곳에서 최근 심리석으로 특히 긴장, 흥분, 압박 또는 마비 등을 경험한 상황을 생각한다.

- 그런 상황이 있게 된 뚜렷한 원인이나 계기가 있었는가?
- 다른 사람들의 책임이 있는가?

두 질문에 '아니요.'라고 답했다면, 그런 상황을 야기한 마음속 상반되거나 불일치한 요소들이 있었는지 혼자 또는 타인과 함께 검토해 본다.

1) 심리적 갈등 대처 방식

관련 문헌에 따르면 내적 갈등은 다양한 방법으로 대처할 수 있다. 정신분석에서는 무의식에 의한 대처까지 그 방법이 다양하다. 일반적으로 내적 갈등 대처는 직접적 방법과 간접적 방법으로 구분된다. 이들 방법은 조직에서 의사결정갈등과 역할갈등에서 볼 수 있다.

개인에게 갈등은 도전과제이기도 하다. 질병을 회피하거나 체념하고 포기하면 인간은 발달할 수 없다. 미성숙한 갈등 대처 방식으로 인해 유아적 생활방식이 지속되고 새로운 환경에 과거 감정을 결부시킨다(전이, transmission). 익숙한 표상, 실현되지 않은 희망, 갈망하는 사물로부터 탈피하지 못하는 사람은 유아기에 갇혀서 인성발달을 하지 못한다. 성숙은 더 넓은 세상으로 나아가기 위해 사람이나 사물을 포기한다는 의미이다.

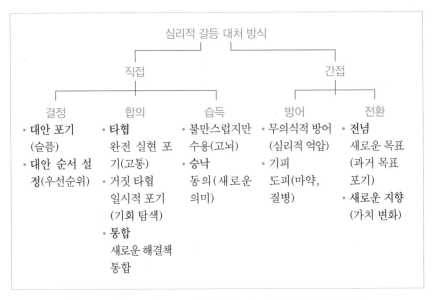

[그림 3-2] 심리적 갈등 대처 방식(고딕 글씨체: 완성된 방법들)

2) 의사결정갈등

우리의 일상은 의사결정의 연속이다. 특히 리더도 예외는 아니다. 우리는 중요한 의사결정을 앞두고 내적으로 긴장한다. 그 긴장에 대한 반응은 불안(신경과민, 불면증, 분주, 성남, 식욕부진)과 마비(압박감, 피곤, 무력감, 우울, 폭식) 사이에서 이루어진다. 의사결정갈등으로 인한 스트레스를 해소하는 데 가장 유익한 방법은 문제 해결이다. 문제 해결만으로 도움이 되는 이유는 문제 해결은 의사결정갈등으로 인한 스트레스보다 세 배 더 강한 스트레스도 제거할 수 있기 때문이다.

의사결정 능력이 있는 사람은 적절한 의사결정기술을 활용할 뿐만 아니라 갈등으로 인한 심리적 압박도 이겨 낼 수 있다.

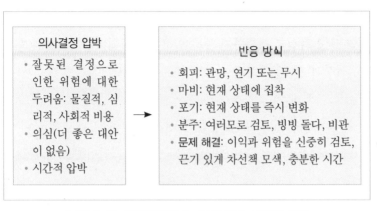

[그림 3-3] 의사결정갈등(고딕 글씨체: 건설적 대처)

(1) 일생에 걸친 의사결정갈등

의사결정갈등을 다루는 방식들은 형식적으로 분류할 수는 있지만, 그 분류만으로 개인이 어떤 방식을 선호하는지는 알 수 없다. 개인이 할 의사결정은 갑작스러운 것도, 자신이 임의대로 찾은 해결책도 아니다. 우리는 의사결정 속에서 그리고 의사결정과 함께 삶을 영위하며 의사결정을 통해 정체성과 인격을 형성한다. 의사결정 스타일은 생활방식으로 나타난다.

고대로부터 철학은 편안히 사는 방법을 두 가지로 구분한다. 적극적인 태도를 지닌 사람은 높은 목표를 세워서 효율적으로 계획하고, 그 목표를 위해 최선을 다한다. 이에 반해, 방어적이고 회의적인 태도를 지닌 사람은 단념하고 불행을 감추며, 단지 일상을 즐겁게 사는 것만으로 만족스러워한다. 전자는 꿈을 실현해서, 후자는 숙명에 순응해서 행복하다고 한다.

두 가지 태도는 서로 긴장관계에 있다. 우리는 두 가지 태도를 동시에 취할 수 없다. 하지만 두 가지 태도를 활용하여 자신이 결정한 삶을 영위할 수 있다. 개인은 자신의 표상에 따라 생활한다. 하지만 목표 좌절로 생활하지 못하면 근본적인 의사결정갈등에 빠진다. 이상과 현실, 자신의 소망과 목표 그리고 거절과 방해 사이에 간극을 어떻게 할 것인가? 해결은 공격적 또는 방어적 기본태도인 '동화적(assimilative)' 또는 '조절적(accommodative)' 태도에 달려 있다(Brandstädter, 2007, p. 415). 동화적 방식은 개인이 환경을 자신의 목표에, 조절적 방식은 자신의 목표를 환경에 맞추는 것이다([그림 3-4] 참조).

목표와 불일치	
동화 계획하다, 환경을 자신에게 맞춘다.	조절 변화하다, 자신을 환경에 맞춘다.
• 자신을 목표에 맞추고 그 목표를 추구한다. • 어려움이 있으면 더 노력한다. • 최선을 다한다. • 자원을 목표에 맞게 동원한다. ↕	• 성취할 수 없는 목표에서 벗어난다. • 돌이킬 수 없는 피해를 감수한다. • 성취 가능한 목표에 집중한다. • 자원을 가능한 목표로 돌린다. ↕
필요한 인지	필요한 인지
• 정보를 목표에 맞게 가공한다. • 목표의 중요성을 강조한다. • 방해가 되는 충동을 억제한다. ↕	• 주의력을 높인다. • 목표 변경을 정당화한다. • 미해결 문제들을 줄여 나간다. ↕
역기능적 부작용	역기능적 부작용
• 과도한 목표 몰입 • 자원 고갈 • 부족한 목표 몰입으로 인한 후회/불만	• 불안한 목표 몰입 • 성급한 목표 변경 • 미흡한 방안 활용

[그림 3-4] 의사결정갈등에서 동화 과정과 조절 과정(Brandstädter, 2007, p. 423)

동화적 방식으로 삶에 접근하는 사람들은 부득이한 사정으로 목표를 이룰 수 없으면 조절적 방식을 취한다. 그렇지 않으면 소진 (burnout)이나 불평을 감수해야 한다. "집요한 목표 추구" 또는 "유연한 목표 적응"은 서로 상반되지만 의사결정갈등을 해소하기 위한 필수불가결한 행동방식이다.

(2) 의사결정전략 관리

일상적 의사결정갈등에서 이성적 생각과 충동적 욕망이 충돌한다. 이 갈등은 불가피하지만 해결될 수는 없어도 통제될 수는 있다. 갈등을 통제한다는 것은 갈등을 처리함으로써 갈등이 사람을 지배하는 것이 아니라 사람이 갈등을 지배한다는 의미이다. 갈등에도 불구하고 체험 및 행동능력을 유지하는 것이다(3장 1. 갈등 대처 원칙 참조). 갈등 통제는 성공적 행동을 위한 핵심요소들을 통합하는 것이다. 이를 위해서는 두 차원이 중요하다.

- 안정성 대 유연성: 한편으로는 커다란 목표를 고수하며 악조건에서도 과제를 완수하고, 다른 한편으로는 변화된 환경에 유연하게 적응하고 수단과 방법을 적절히 바꾸며, 가망이 없으면 과감히 목표를 포기한다. 안정성은 동화적 과정을, 유연성은 조절적 과정을 필요로 한다.
- 지속성 대 일시성: 한편으로는 신중히 목표를 세우고 사전에 장해 요소를 고려하여 혼란을 예방하고, 다른 한편으로는 예상치 않은 혼란에 대해 선제적이고 구체적인 활동으로 적절히 대응한다.

안정적 목표	지속적으로 기대한다.		유동적 수단
	적극적 동화 "각오한다"	적극적 조절 "회피한다"	
	소극적 동화 "수정한다"	소극적 조절 "보류한다"	
	일시적으로 수정한다.		

[그림 3-5] 인지적 갈등관리전략(Dignath, 2014, p. 34)

두 차원은 양극단에서 길항한다. 양극단 사이에 있는 갈등 전략들은 생산적 방법인 '문제 해결'([그림 3-3] 참조)을 다시 네 가지로 세분한 것이다([그림 3-5]). 이들 전략은 동시에 실행할 수 없기 때문에 이차적 의사결정갈등, 즉 적절한 전략 선택에 따른 또 다른 메타갈등을 초래한다. 개인이 어떤 전략을 구사할지는 갈등의 중요성, 자원, 연령 등에 좌우된다. 생산적인 해결방법들을 체계적으로 정리함으로써 의사결정갈등처리 지평을 넓힐 수 있다. 덧붙여 '반응적 동화'는 적극적인 의사결정으로서 소극적 태도와 체념과는 다르다는 것을 인식하는 것도 중요하다. 목표가 과도하거나 핵심가치들과 충돌한다는 것을 깨닫고 후회 없이 그 목표를 포기하는 사람은 자신의 한계에 대한 성찰이 필요하다. 이것이야말로 지혜라고 할 수 있다. 건강한 예방을 위한 많은 개입 프로그램은 모두 반응적 동화를 훈습할 것을 강조한다.

연습 14: 의사결정 상황에서 나의 행동

· 최근 중요한 의사결성 세 가지를 석는다.
· 특히 어떤 의사결정으로 인해 압박을 받았는가? 위험은 무엇이었는가? 무엇이 의심스러웠는가? 시간 압박이 있었는가? 각 갈등에서 어떤 반응 패턴이 지배적이었는가?
· 당신은 앞으로 어떤 의사결정을 해야 하는가? 당신은 가장 강한 스트레스 요소를 어떻게 줄일 수 있는가?

3) 역할갈등

"상사는 누군가에 의해 앞에 서게 된 사람이다(Neuberger, 2002, p. 318)." 상사, 리더, 조직원 등 최소한 세 가지 지위가 관련된 일이다. 각 지위는 기대들에 의해 정해진다. 역할은 지위를 차지한 자에 대한 기대들의 총합이다.

조직에는 수평적, 수직적 위계에 따른 구조적 기대와 기능적 또는 전문적 업무 수행에 대한 기대가 있다.

기대는 의무적으로 해야 하는(must) 기대를 중심으로 해 주길 바라는(should) 기대와 할 수 있는(can) 기대가 있다. 우리는 가족, 이웃, 직장, 친구, 협회, 종교단체 등 다양한 사회적 체계에 속해 있기 때문에 상이하고 애매하며, 심지어는 모순적이기도 한 기대들이 교차하는 지점에 서 있기도 한다. 기대는 본질적으로 6개 역할군(role constellation)으로 구성되어 있다(Neuberger, 2002, p. 323).

[그림 3-6]에 대한 설명은 다음과 같다.

① 역할 제공자 내적 갈등: 역할 제공자들이 모순된 기대를 한다.

② 역할 제공자 간 갈등: 두 역할 제공자가 서로 다른 기대를 한다.

③ 역할 간 갈등: 역할 수행자는 여러 체계(예: 가족과 직장)에 속한 구성원으로서 어렵거나 모순된 요구를 받는다.

④ 개인과 역할 간 갈등: 역할 수행자가 자신의 가치와 충돌하는 기대들로 인해 고민한다.

⑤ 역할 모호성: 기대가 불분명하고 막연하며 애매하다.

⑥ 역할 과잉: 역할 수행자가 너무 많은 역할을 맡고 있다.

역할은 개인을 사회적 체계(예: 조직)에 편입시키는 동시에 개인이 프로필을 개발할 수 있는 공간을 제공한다. 모든 역할은 모순과

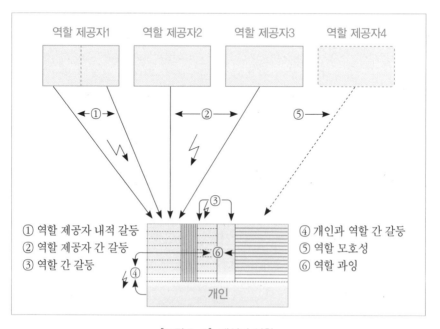

[그림 3-6] 개인과 역할

모호성을 지니고 있기 때문에 갈등의 소지가 다분하다. 이는 역할
갈등을 다루는 데 어떤 의미를 지니는가?

- 역할은 책임이 클수록 갈등을 야기할 가능성이 높다. 책임이
  큰 역할은 단순한 임무 수행은 적고, 상대(조직, 조직원, 고객)를
  위해 재량권을 행사해야 한다. 역할 수행자가 위험 소지가 큰
  과제를 수행하여야 하는 책임감이 무겁다. 역할 수행자는
  - 여러 각도에서 생각한다.
  - 여러 대안을 신중히 검토한다.
  - 가능한 피해를 최소화하기 위해 행동한다.
- 기대만으로 정해지는 역할은 없다. 역할에는 의사결정 및 계
  획의 자유가 포함되어 있다. 이 자유는 역할 수행자가 변화된
  조건에 유연하게 대처하여 조직을 효과적으로 유지하는 데 필
  수적이다. 하지만 조직문화가 경직되고 동질적이면 행동반경
  이 좁아지고 적응능력이 감소한다.
- 개인은 고유의 갈등 대처 방식에 근거하여 자신의 역할을 정
  의한다. 내적 갈등을 성숙한 방법과 미숙한 방법 중 어떤 방법
  으로 대처할 것인지에 따라 자신의 역할을 규정하고 자신만의
  개성을 형성해 간다. 정체성은 갈등이 동반된 역할들을 평생
  에 걸쳐 형성하면서 성장한다.

이 같은 의미에서 리더 역할은 책임이 무겁고 갈등을 야기할 가
능성이 높다. 리더에 대한 첫 번째 역할기대는 역설적으로 들릴 수
있지만, 역할갈등을 수용하고 개인적으로 해결하는 것이다.

- 조직 승계 작업의 책임은 리더 역할에 있다. 가장 복잡한 상황이 기업승계이다. 사적인 가족 전통과 조직적인 사업 유지뿐만 아니라 연령에 따른 개인적 생애과제(보류할 수 있다-도전하려 한다, 1장 4절 1) 내적 갈등 참조)와 관련된 개인적 인생설계와 사회적 일자리 등이 충돌하는 상황이다. 이러한 역할갈등은 복잡할 뿐만 아니라 감정적으로 격렬해진다. 조정가는 평화롭고 경제적인 해결책을 모색하게 함으로써 가족기업에 도움을 줄 수 있다(Berkel, 2007).

- 일과 생활은 서로 양립할 수 없는 것을 요구한다. 이러한 역할갈등은 스트레스, 탈진, 만족, 행복, 건강과 관련 있다는 경험적 연구 결과를 보더라도 그 의미를 알 수 있다. 대부분의 사람은 한 역할을 선택하고 다른 역할을 포기하는 것을 심각하게 생각하지 않는다. 지구적인 경쟁, 이동성의 증가 그리고 항시적인 접근성으로 인해 리더의 역할갈등은 더 심해진다. 리더는 이 갈등을 어떻게 다룰 것인가? 만족스러운 대처를 위해 어떤 자원이 있는가?

일과 생활의 균형은 통합(integration, 원만한 전환)과 분리(segmentation, 명확한 경계) 양축 사이에서 이루어진다. 통합과 분리 모두 장점이 있다.

사람마다 일과 생활의 균형에 대한 선호도가 다르기 때문에 조직은 다양한 제안을 한다. 개인의 선호와 조직의 제안이 서로 맞는 경우, 분리는 일과 생활 사이의 역할갈등을 극복할 수 있는 중요한 자원이 된다. 삶의 두 영역을 구분할 수 있고 구분하려는 리더들은

그렇지 못한 리더들보다 감정 소모(소진)가 적다. 이들은 역할갈등
이 크더라도 자신들이 원하는 분리에 맞춰 조직이 적절한 제안을
하면 더 만족스러워한다.

분리 일 대 생활	통합 일과 생활
• 두 영역은 서로 침해받지 않고 각각의 자원을 보호한다. • 한 영역에서의 부정적 경험과 감정이 다른 영역으로 전이되지 않는다. • 중단과 편중을 피할 수 있다. • 한 영역에 더 집중한다.	• 한 영역에서 다른 영역으로 전이가 쉽다. • 유연성이 커서 여러 역할을 동시에 수행할 수 있다. • 두 영역에서의 문제들을 동시적으로 해결할 수 있다. • 한 영역에서의 성공 경험으로 다른 영역에서도 분발하여 실패를 만회할 수 있다.

3. 조직적 갈등 대처

리더십의 약 25%는 갈등 대처이다. 리더는 기본적으로 세 가지
전략을 구사한다.

- 이슈 관련 갈등관리는 조직의 과업갈등, 관계갈등 그리고 가
  치갈등을 각각의 고유 논리에 따라 관리하는 것이다. 리더는
  갈등 과정을 통제한다.
- 구조적 갈등관리를 통해 갈등 표출의 여건이 조성된다. 갈등
  예방은 불필요한 갈등에 대비하는 것이고, 갈등 자극은 비효

율적 관행들을 변화시키기 위해 갈등을 도발하는 것이다. 리더는 갈등 잠재요소를 변화시킨다.

- 공식적 갈등관리는 갈등조정이나 모더레이션(moderation, 독일의 자율적 문제 해결을 위한 상호 토론 절차-역자 주)을 통해 갈등을 종결하는 것이다. 리더는 갈등 당사자 사이에서 중개 역할을 한다.

1) 이슈별 갈등관리

갈등에 직면하면 우리는 곧바로 "도대체 무엇이 이슈인가?"라는 질문부터 한다. 갈등 대상은 물질적(신체적) 실존, 사회적(감정적) 실존, 정신적(관념적) 실존 등 인간 실존의 3차원으로부터 비롯된다(Berkel, 2013, p. 76). 3차원은 플라톤(Plato) 이래 인류학적 사고의 근간으로서 오늘날에도 성격심리학에서 여러 개념을 통해 중요하게 다루어지고 있다(Brambilla et al., 2011; Bruckmüller & Abele, 2013).

- 독자성(agency)은 남들과 구분되는 개인의 독립성을 의미하며, 주변의 환경을 지배하고 자기주장을 확고히 하고 성취와 능력 및 권력을 추구하는 노력으로 드러난다. 독자성은 과업을 중시하며 목표 지향적 행위를 위한 역량과 능력을 내포한다.
- 융화성(communication)은 개인이 속한 집단 및 사회와의 관계성을 의미하며, 타인과 친근한 관계를 맺고 협력하며 동화되려는 노력이다. 융화성은 상대를 중시하는 배려, 친절 그리고

지지로 구체화된다.

- 도덕성(morality)은 정직한 사람이 되려는 노력이다. 도덕성은 인성의 핵심으로 솔직, 공명, 신뢰, 신용을 의미한다.

인간 실존의 3차원은 조직의 실존을 결정한다. 갈등은 각 차원에서 발생할 수 있다. 각 차원에서 갈등은 과업갈등, 관계갈등 그리고 가치갈등으로 구분된다. 각 차원의 고유 논리에 따른 갈등은 그 대처 방식도 각기 다르다.

- 과업갈등은 문제처럼 해결되어야 한다.
- 관계갈등은 정리되어야 한다.
- 가치갈등은 순치되어야 한다.

갈등은 논리적으로 세 가지 유형으로 구분할 수 있지만, 실제로는 세 가지 유형이 혼재되어 있다. 일반적으로 20%는 과업갈등이고, 50%는 관계갈등이며, 30%는 가치갈등이다. 갈등이 고조되면 세 가지 갈등이 혼재되어 더 복잡해지며 최종적으로 가치갈등이 우세해진다.

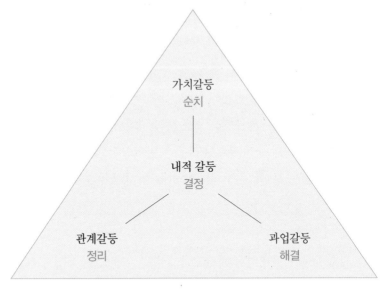

[그림 3-7] 이슈별 갈등관리 방식

(1) 과업갈등-해결

공동 과업을 수행하는 데 있어 방법, 수단, 자원투자 등에 대한 생각들이 모순되거나 상반될 수밖에 없다. 인지적 갈등은 논쟁의 대상이 될 경우에만 집단의 생산성 및 창의력 향상으로 이어진다. 논쟁으로 서로 다른 아이디어, 의견 그리고 시각이 서로 충돌하지만, 집단은 다양성을 통해 함께 문제 해결을 시도할 수 있다. 옳고 그름을 가리는 토론과 달리, 논쟁은 공동해결책을 모색하는 것이 목적이다. 과업갈등은 논쟁 대상으로서 문제 해결 절차에 따라 처리되고 당사자들이 정해진 규칙을 준수하면 해결될 수 있다.

① 문제 해결로서 갈등 해결: 방법

데카르트(Descartes)는 합리적으로 해결할 수 있는 절차를 제

시하였다. 그의 아이디어는 갈등 해결 5단계에서도 알 수 있다
(Stroebe, 2011).

- 문제들을 파악하고 핵심 문제를 설정한다.
- 목표를 정하고 측정 또는 판단 기준을 마련한다.
- 원인을 파악하고 방해요소들을 분석한다.
- 해결 아이디어를 개발한 다음, 각 아이디어의 장점과 위험요
  소를 검토한다.
- 최종 해결책을 정하고 행동 계획에 합의한다.

② 논쟁으로서 갈등 해결: 규칙

생산적 논쟁을 위해 당사자들은 다음과 같은 규칙을 준수해야
한다.

- 아이디어는 비판적으로 검토하지만 사람은 비판하지 않는다.
- 먼저 구분(차이점)한 다음에 통합(공통점)한다.
- 상대에 대한 승리가 아니라 최선의 해결책을 강구한다.
- 나의 의견과 상반된 증거가 있으면 기꺼이 나의 의견을 바꾼다.
- 아이디어는 비판하지만 사람은 존중한다.
- 상대에 동의하지 않더라도 그의 말은 경청한다.
- 상대의 생각을 듣고 반복하여 전달한다.
- 황금률 준수: 내가 대우받고 싶듯이 상대에게도 그렇게 대우
  하라.

요약: 창의적 논쟁은 세 가지 역량이 필요하다.

- 상대 아이디어는 비판하지만 그의 역량은 인정한다.
- 이슈에 다각도로 접근하여 모든 요소를 고려한다.
- 합리적 논증의 원칙을 준수한다. 아이디어 발상-귀납적으로
  (사례) 또는 연역적으로(이론) 정보의 근거를 댄다.-열린 마음
  으로 편견 없이 최선의 해결방안들을 개발한다.-설득력 있는
  논증(argument)이 있으면 기꺼이 자신의 판단을 바꾼다.

③ 가치로서 객관성

"관직의 힘이 아니라 논증의 힘을 따르라(Augustinus)."는 최종
논증 원칙이 조직에서는 천진스럽게 들리지 않는가? 조직에서는
모든 것이 이해관계에 달려 있다는 것이 아닌가? 물론 맞는 말이
다. 하지만 누구의 이해관계인가가 관건이다. 개인인가 아니면 조
직인가? 리더십의 과제는 조직 전체의 성장을 고려하는 것이므로
갈등에 대해서도 조직의 번영을 자신의 이해관계보다 우선시해야
한다. 이것이 바로 책임감이다. 책임감은 특히 최고경영층에서 필
요하다. 리더는 건설적 논쟁에서 자신의 역량을 발휘할 뿐만 아니
라 개인적 야망보다는 조직의 과제를 우선시하려는 의지를 피력한
다. 과업갈등을 객관적이고 실질적으로 해결하는 경영층의 리더십
스타일은 하위 조직에 모범이 되고 조직의 윤리적 수준을 결정한
다. 과업갈등의 원만한 해결은 방법적 역량뿐만 아니라 윤리적 기
본자세가 필요하다. 더 나은 논증을 따르는 객관성과 자신보다 공
동의 번영을 우선시하는 의무가 기본자세이다.

(2) 관계갈등-정리

일상에서 갈등은 대개 관계갈등이다. 타인과의 관계가 자신의 의도와 목표에 상반된 소재로 작용하기 때문이다. 우리는 갈등을 '감정적으로' 받아들일 수밖에 없다. 감정은 속성상 개인화 성향을 강화시킨다. 감정은 의식되기 전에 이미 신체적으로 활성화된다. 감정적 충동은 강한 방어기제에 의해 의식할 수 없도록 억제되면 곧바로 행동으로 이어진다. 갈등을 지배하는 분노와 두려움 때문에 우리는 도피(회피, 철회)하거나 상대를 공격(비판, 고소)한다. 이러한 즉각적 행동 충동 때문에 전통사회에서는 감정을 비합리적인 것으로 간주하며, 따라서 갈등도 역기능적이라고 여겼다.

갈등은 의식적이든 아니든 항상 감정을 불러일으킨다. 특히 직장에서 갈등이 불편한 것은 감정 때문이다. 하지만 감정을 느끼는 것과 감정을 표현하는 것은 다르다. 감정이 의도에 원료를 공급하면 의도는 그 원료를 표현하기 위한 틀을 만든다. 관계갈등은 따라서 항상 전략적이다. 상대도 똑같이 느낀다. 상대도 나의 의도를 감지하고 마음에 상처를 입는다.

과업갈등이 문제의 실질적 논리에 따라 해결될 수 있다면, 관계갈등은 감정논리를 따른다. 감정이 곧바로 상대에게 분출되기 전에 먼저 의식하기 위해서는 감정을 수용하여 상처 주지 않는 방법으로 표현할 수 있는 안전한 공간이 필요하다. 상사의 권위도, 법도 자신과 상대의 파괴력을 막을 수 없다. 단지 윤리적 규범만이 할 수 있다. 따라서 모든 공동체는 구성원들이 자기 책임하에 자신의 감정을 다루도록 하는 구속력 있는 규칙이 필요하다. 베네딕트(Benedict)는 오직 '규칙'만이 공동체를 결속시킨다는 것을 잘 알고 있었다. 리더의 과제는 규범의 보호 기능이 관계갈등에서도 기능한다는 점에 주의하는 것이다. 규범은 금지할 수도 명령할 수도 있다. 규범과 관련된 예방적 사례와 치유적 사례를 보면 다음과 같다.

① 진실한 논거 제시

업무와 관련된 논쟁에서도 자신의 생각을 관철시키려는 이해관계가 있게 마련이다. 논쟁하는 당사자들이 정해진 경계선을 존중하는 것은 더욱더 중요하다. 그 경계선을 침범하여 상대를 불공정하게 대하거나 조종하거나 피해를 가하면 과업갈등은 관계갈등으로 고조된다. 따라서 리더는 공동체를 위해 파수꾼과 같은 기능을 하여 논증을 가로막는 걸림돌을 제거하여 공정한 논증이 가능하도록 해야 한다(〈표 3-4〉 참조).

중단을 강조하는 금지 규범은 원활한 대화를 위해서는 최대한 실수를 줄여야 한다는 우리의 경험에서 비롯된 것이다. "진실한 논

〈표 3-4〉 진실한 논거 제시 규범(Mischo et al., 2002, p. 158)

논거 제시 관련 금기사항
• 논리 정연하지 않은 논증을 한다.
• 충분한 근거 없이 주장한다.
• 거짓된 논증을 진실이라고 말한다.
• 책임을 전가한다.
• 자가당착에 빠진다.
• 공로에 대해 왜곡되게 반응한다.
• 실현 불가능한 것을 요구한다.
• 의도적으로 상대를 비난한다.
• 상대를 적으로 대한다.
• 상대의 참여를 방해한다.
• 토론을 부당하게 중단시킨다.

거 제시" 규범은 리더로 하여금 대화에서 내용보다는 조직원에게
미치는 영향(2장 갈등 분석 참조), 즉 리더가 신뢰할 수 있고 공정하
기 때문에 정직한 상사로서 존경한다는 점에 집중하도록 한다. 공
정한 리더만이 조직원들이 믿고 따른다.

② 상처 치유

명확한 규칙이 있더라도 '열띤' 토론에서 상대를 비하하거나 부
정하는 표현을 하면 논쟁이 곧바로 관계갈등으로 번지는 것을 막
을 수 없다. 감정적 혐오와 상호불신으로 얼어붙은 냉랭 갈등이 더
커지면 갈등 당사자들은 서로 비관적이고 상처 주는 말을 주고받
으며 삶이 피폐해진다. 열렬 갈등이든 냉랭 갈등이든, 의도가 솔직
하든 은밀하든, 관계갈등에서는 당사자 일방이 먼저 상대를 초대
하여야 한다. 종교적 전통에 따르면 A와 B는 다음의 까다로운 3단
계를 거쳐야 한다.

- A는 상대의 행동으로 얼마나 상처 입고 경멸당하고 무시당했
  는지를 표현해야 한다(나−메시지).
- B는 곧바로 평소 말투인 "예, 그렇지만……."으로 방어할 것이
  아니라 잠시 참고 자신의 책임을 인식하며 유감을 표하고 사
  과한다. 그렇게 하지 않으면 A는 B가 의도적으로 자신에게 피
  해를 입히려 했다고 추측한다. 그러면 갈등은 통제할 수 없는
  지경에 이른다.
- A는 끝으로 B의 사과를 받아들여서 용서하고 복수심을 버리
  고 다시 함께 일할 것이라는 신호를 주어야 한다.

관계갈등은 당사자들이 인신공격을 중단하거나 상황에 따라서
는 유감을 표현하는, 인간적 만남을 위한 기본적 규칙을 준수하고자
할 때만 완화될 수 있다. 당사자들은 사적 감정을 내세우기보다는
전통적인 미덕으로 여기는 윤리적 자세를 취해야 한다.

- A는 피해와 상처를 표현할 수 있는 용기(virtus)가 필요하다.
- B는 자신의 악의를 시인하는 겸손(humilitas)이 필요하다.
- A는 B를 용서하고 일일이 따지지 않는 관용(magnanimitas)이
  필요하다.

긴장이 감도는 갈등 상황에서 이렇게 행동하는 사람은 '평화운동
가'라고 해도 과언이 아니다. 모든 관계갈등은 우리의 도덕적 인격
을 시험하는 장이다.

(3) 가치갈등-순치

가치갈등은 해결이나 정리가 아니라 길들여야 하는, 다시 말해
순치되어야 하는 대상이다. 가치는 인간을 완전히 '장악'하여 꼼짝
달싹 못하게 한다(Berkel, 2013, p. 44). 가치체계는 인격을 형성하고
인간들이 서로 다투게도 한다. 이러한 양가적 영향은 가치의 야누
스의 얼굴, 즉 양극적 구조와 관련이 있다. 우리의 삶은 근본적으로
'유지'와 '발전'의 양극으로 고정되어 있다(Nietzsche). 의무 가치는
유지에, 자아실현 가치는 발전에 기여한다. 우리 삶은 양극적 구조
로 인한 역동으로 유지되고 발전한다. 가치가 변하는 것이 아니라
우리가 양극적 긴장구조에서 자신의 위치를 변화시키는 것이다.

아리스토텔레스(Aristoteles)는 이미 가치의 양극적 구조를 통찰하고 미덕을 그 중간에 자리매김하였다(Nikomachische Ethik II. 6). 중용을 취하는 사람은 금욕을 통해 자신을 고통스럽게 하지 않거니와 폭음도 하지 않는다. 용감한 사람은 만용을 부리지도 포기하지도 않는다. 미덕은 중용의 힘으로서 양극을 하나로 묶는다. 이러한 통합의 힘이 없으면 양극은 서로 완전히 분리되어 영원히 고착될 것이다. 그러면 '가치의 독재(Max Scheler)'가 시작되어 인간을 가치갈등으로 몰아넣는다. 이러한 가치에 대한 사고가 지닌 역동성은 가치갈등을 다루는 데 중요한 다음 ①과 ②의 통찰을 가능하게 한다.

① 가치들은 상호보완적 관계에 있다
양극에 위치한 유지와 발전이 모든 조직을 지배한다. 예측 가능성과 신뢰성을 목적으로 하는 규범과 규칙은 유지를 강화한다. 개인적 기질과 행위는 발전과 성장을 담보한다. 양극의 한쪽만을 선호하면 조직은 폐쇄적 또는 개방적 체계가 된다([그림 3-8] 참조).

	질서, 정리	자유, 권한부여
조직	신뢰 행동력	혁신 변화
인간	안전 질서	자율성 자기결정
	↓	↓
	폐쇄적 조직	개방적 조직

[그림 3-8] 조직의 가치 스펙트럼과 가치 딜레마(Gebert, 2002)

양극단에 위치한 가치들은 삶에 필수적이다. 가치들의 상호작용을 조직화하여 서로 융통성 있게 보완하는 것이 리더십이다. [그림 3-9]와 같다.

② 가치가 비가치로 바뀐다

양극단에 위치한 가치들 중 하나만을 강조하면 인간은 그 가치를 절대화한다. 질서는 관료주의로 단순화되고, 자유는 무정부상

[그림 3-9] 진퇴양난에 빠진 리더(Neuberger, 2002, p. 342)

태를 초래한다. 가치가 비가치로 바뀌는 것이다. 이 역동적 관계는 [그림 3-10]의 가치사각형을 통해 볼 수 있다. 상호보완적 가치들을 통합하면 가치가 부정적으로 변하는 것을 막을 수 있다. 개인의 자유는 역량에 제한을 받고, 정해진 절차는 선례를 만든다. 가치갈등을 적절히 다루기 위해서는 해결도 제거도 아닌 가치의 양극적 긴장을 변증법적으로 이용하여 순치해야 한다. 가치는 시간과 같아서 최대화가 아니라 최적화만 할 수 있다.

가치의 양극적 긴장을 중용의 노력으로 균형을 맞추는 것은 윤리적 가치가 아니라 사회적 가치를 위해 적절한 방법이다. '과대'와 '과소'라는 사고는 양에 기준을 맞춘 것이어서 질, 즉 무엇이 옳은 것인지에 대한 질문을 무시한다. 양적 수치로서 중간은 옳은 것을 위한 기준이 될 수 없다. 사랑과 감사는 '과소'할 수 있지만 '과대' 한 경우는 결코 없다. 아리스토텔레스의 중용(mesotes)은 단지 사고 틀만을 제시한다. 이 사고 틀은 당사자들을 위해 올바른 것들로 채워져야 한다. 인간은 개별 가치들을 서로 연결하여 정도를 벗어나거나 파괴적 극단으로 확대되지 않도록 함으로써 갈등을 길들일 수 있다.

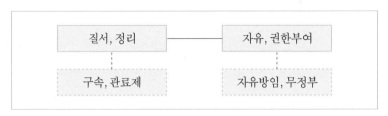

[그림 3-10] 가치사각형

③ 갈등은 가치가 아니라 인간이 한다

가치의 상호보완적 구조는 추가적인 이론적 통찰의 결과이다. 일상에서 실제 경험하는 가치 관련 관행은 이와 다를 수 있다. 갈등은 가치가 아니라 인간이 하는 것이다. 가치는 사람들이 중요하다고 하는 것, 옳다고 하는 것, 의무라고 하는 것 그리고 정체성의 핵심으로 여기는 것을 상징화한다. '그들의' 가치를 의문시하는 사람은 그들을 비난한다. 이에 대해 그들은 격렬하게 반응하며 격분한다. 그들은 자신들이 좋고 옳다고 여기는 상호보완적 가치들을 함부로 들먹이면 자신들의 가치를 상대화하고 평가절하하려는 의도로 간주한다. 그 결과 갈등은 고조된다.

사람들이 서로 자신의 가치만을 옹호하고 상반된 가치를 내세우는 상대와 갈등하는 모습은 마치 드라마와 같다. 개인들이 분쟁하는 것이 아니라 사회적으로 형성되고 역사적으로 전승된 역할 패턴들이 서로 대응하는 것이다. 당사자들은 각본에 따라 비통한 최후까지 연기하는 배우와 같다. 감독은 그들에게 '어떠한 대안'도 허락하지 않았다. 가치갈등의 논리는 A 아니면 B라는 '이분법 독재(Collins, 2003, p. 71)'의 지배를 받는다. 다시 말해, 나와 상대의 가치 중 하나만 옳다는 것이다.

폭넓은 시각을 가진 제삼자만이 가치갈등으로 인한 파괴적 결과를 갈등 당사자들에게 직면시킬 수 있다. 인류 역사에서 최악의 만행들, 상상을 초월한 잔혹행위 그리고 반복되는 야만행위는 동물적 탐욕이 아니라 정신적 뿌리, 즉 상호보완적 수정 없이 절대화된 가치에 대한 맹목적 복종에서 비롯되었다. 인간은 가치갈등의 독재적 논리를 이해함으로써 가치갈등의 강제력으로부터 해방될 수 있다. 그래야 인간은 가치갈등을 스스로 순치할 수 있다.

④ 가치와 이해관계-상호작용

가치는 강한 감정을 유발하고 인간으로 하여금 전심전력하도록
하기 때문에 인간이 자신의 욕구와 선호를 위해 매진하는 것은 당
연하다. 가치 뒤에 있는 이해관계를 숨기는 사람은 앞에서 언급한
바와 같이 가치 드라마에서 카드놀이를 한다. 그는 초인간적 관심
사의 대변인으로 등장하여 자신의 요구사항은 어떤 상황이든 당연
히 관철시킬 수 있을 만큼 정당한 것으로 연기한다. 이 작전이 성
공하기 위해서는 추상적 가치가 이해관계로 구체화되어 그 영향력
을 발휘해야 한다. 갈등으로 압박을 받으면 가치와 이해관계는 상
호 원활한 변환을 위해 혼연일체가 된다. 따라서 가치갈등을 길들
이기 위해서는 가치와 이해관계를 분리하는 것이 필수적이다(〈표
3-5〉 참조).

〈표 3-5〉 가치와 이해관계(Forester, 2009, p. 59)

이해관계	가치
협상 가능	협상 불가능
보상 가능	보상 불가능
자신과 관련	정체성과 관련
실현되지 않으면 실망	훼손되면 격분

가치갈등은 갈등이 고조되고 있음을 의미한다. 이때, 당사자들
은 다음과 같은 반응을 보인다.

- 서로 상대를 극도로 불신한다.
- 공연히 자신의 가치와 요구사항을 고집한다.
- 전적으로 자신에게 유리한 방안들도 거절한다.
- 화를 내고 기분이 상해 서로 상처를 입힌다.
- 갈등은 해결될 수 없다고 생각한다.
- 자신의 정체성을 상징과 연결시키고, 그 상징을 멸시하면 인 신공격으로 평가하며, 그 공격을 근거 삼아 반격을 가한다.

가치갈등에 빠진 사람들은 올가미에 걸려 스스로 헤어나올 수 없다. 제삼자의 도움이 필요하다.

⑤ 가치갈등은 모더레이션이 아니라 조정이 필요하다

모더레이션은 구조화된 목표 지향적 방법이지만 가치갈등에는 부족하다. 그 이유는, 첫째, 갈등 당사자들이 모더레이션과 같은 방법을 불신하고, 모더레이션도 갈등 당사자들이 합리적 논증 과정에서 자신들의 가치를 제시하고 서로 신중히 검토해서 이성적으로 화해할 것을 요구하기 때문이다. 갈등 당사자들이 비난하는 바와 같이 합리적 방법에서는 가치는 합리적으로 입증 가능하거나 평화를 위해서 상대화할 수 있다고 가정한다. 하지만 합리적 입증이나 상대화에 있어 그들의 가치신념은 신중하게 받아들이지 않는다. 둘째, 짧은 시간에 이루어진 합의는 대부분 표면적이고 근본적 관심사가 성취되지 않기 때문에 머지않아 불화가 재발한다. 아울러 실망한 당사자들은 합의 실패의 책임을 모두 모더레이터(진행자)에 전가하고 분노를 표출한다. 모더레이터는 이 모든 것을 감수해야 한다.

갈등조정(mediation)은 근저에 깔린 실질적 관심사를 파헤치는 가치갈등 진단으로부터 시작된다. 우리는 동기와 마찬가지로 가치를 믿지만 항상 명확히 인식하는 것은 아니다. 영향력이 큰 것은 암묵적 가치 태도이다. 유아기에 습득된 가치 태도는 사고와 감정의 연결망에 배태되어 있어서 언어로 표현하고 파악하기 어렵다(Scheffer, 2005, p. 6). 하지만 인간은 실존적 갈등과 가치가 중요한 역할을 하는 의사결정 역사에 대해서는 이야기할 수 있다. 갈등조정은 갈등 당사자들이 경청하는 방법을 배우고 소통원칙에 따라 서로 상의하며 자신과 상대를 더 이해하고 서로 다른 가치를 인정하는 상황을 주선한다. 가치갈등 조정에서는 암암리에 병존하는 가치들로부터 직접적으로 대립하는 가치들까지 다양한 유형의 가치를 다룰 수 있다(Susskind et al., 2009). 다음의 [그림 3-11]과 같다.

가치갈등 극복				
철회 포기	가치와 이해관계 분리	쌍방대화 합의 없는 이해	분류 가치 차이를 상위 가치에 포함	직면 철저한 가치 규명

[그림 3-11] 가치갈등 처리 방법(Susskind, et al., 2009)

- 철회: 조정가는 초기 진단에 따라 조정이 불가능한 것으로 거부하거나 다음과 같은 단계 과정을 제안한다.
- 가치와 이해관계 분리: 갈등 당사자들은 가치 대립이 극복될 수 없다고 믿지만 실제적 문제 해결에 대해서는 협상할 준비가

되어 있다. 예를 들어, 예수 또는 알라를 믿는 신자들도 신호
등을 설치하는 데 합의할 수 있다.

• 쌍방대화(dialogue): 조정가는 갈등 당사자들이 상대를 전향시
키겠다는 의지를 버리고 자신들의 불화에 대해 서로 표현하
고 경청하고 이해하도록 고무한다. 이를 통해 인지적으로 상
대에 대한 이해력이 커지고(지식과 인식), 감정적으로 성숙해
질 수 있다(공감과 신뢰). 쌍방대화를 통해 쌓인 오해를 불식하
고 소통 원칙에 합의하며 협력 방법들을 모색할 수 있다. 우리
는 쌍방대화를 통해 상대를 다른 존재일 뿐만 아니라 나와 같
이 얼굴과 목소리를 지닌 인간으로 인식함으로써 문명화된다.
쌍방대화는 개인적 교류가 가능하게 하는 안전한 공간과 함께
파괴적 행동을 저지하고 갈등을 고조시키는 행동을 제지하는,
구속력 있는 규칙이 필요하다. 보편적으로 활용할 수 있는 주
요 네 가지 규칙은 다음과 같다.

−각자 자기 생각을 말한다.

−서로 존중한다.

−서로 상대에게 책임을 전가하지 않는다.

−인신공격을 하지 않는다.

• 분류(상위 가치 호소): 갈등조정은 가치 스펙트럼을 확장하므로
당사자들이 자신들의 가치를 상위원칙(인권, 기본권, 자유 등)
에 포함시켜 대화할 수 있다. 이를 통해 함께 협력하여 우위를
차지하는 가치를 최종 선정할 수 있다.

• 직면(변화): 직면은 앞의 방법들을 기초 삼아 공개적이고 정직
하게 논쟁하는 것이다. 당사자들은 자신의 가치와 자아상을

비판적으로 바라봄으로써 상위 가치를 인정하거나 자신의 가치를 새롭게 해석한다.

⑥ 가치갈등보다 절차 문제가 먼저다

현대사회에서 가치 합의란 없다. 하지만 그렇다고 지속적인 전쟁이 있는 것도 아니다. 그 이유는 서구 민주주의에서는 가치갈등을 내용적으로 논증을 통해 해결하는 것이 아니라 공식적으로 절차(소송, 중재 등)를 통해 순치(정리)하기 때문이다. 절차는 본질적인 불일치에서도 합의를 가능하게 한다.

조직은 절차를 통해 가치갈등을 극복한다는 근대적 과정 사고를 실천하고 있다. 예를 들어, 물질적 이익만을 최우선으로 할 것인지에 관한 가치갈등은 감사, 노사공동결정, 벤치마킹 등의 적절한 절차로 이관되어 해결될 수 있다.

이 방법들은 내용적 기준보다 형식적 기준을 앞세워 가치갈등을 순치하는 것이다. 이에 대한 불만은 정치적으로는 근본주의적 운동으로, 조직적으로는 변화에 대한 냉소 등으로 표출된다. 종교적 설교와 같은 경영층의 변화를 통한 가치창출 주장은 필연적으로 가치갈등을 야기할 수밖에 없다. 이미 언급하였듯이 그런 가치갈등은 해결이나 협상의 대상이 아니라 단지 제한된 의무사항으로만 순치할 수 있다.

⑦ 가치갈등으로서 공정성

독일에서 공정성을 둘러싼 대결은 정치적 사안이다. 교육, 남녀평등, 경영층 보수, 이주민 통합 등의 문제들은 공정성을 기준으로 그 정책적 해결책이 평가된다. 하지만 공정성은 해결책이라기보다는 문제에 속한다. 그 이유는 다음과 같다.

첫째, 무엇을 공정하다고 할 것인지에 대한 해석이 고대부터 엇갈리고 있다. 원칙적으로 세 가지 원칙 또는 가치가 분배 공정성을 결정한다(Deutsch, 1975).

- 필요: 필요로 하는 타인에게 주는 것이 공정한 행위이다.
- 평등: 타인을 자신과 같이 동등하게 대하는 것이 공정한 행위이다.
- 형평성: 타인의 기여(성과)에 맞는 보수를 지급하거나 책임에 맞는 자유를 인정하는 것이 공정한 행위이다.

문제 상황에서 어떤 가치를 우선시할 것인지가 논란거리이다. 오늘날에는 평등이 지배적 가치로 간주된다.

둘째, 지각된 불공정성은 가치갈등에서 보이는 반응 패턴을 유발한다. 다시 말해, 사람들은 자신이 옳기 때문에 흥분하고, 분노하고, 격분하며(성난 시민), 복수를 꾀하고, 최악의 상황도 감수한다. 올바른 가치를 가지고 있기 때문에 온갖 수단을 동원하여 그 가치를 관철시키는 것이 공정하다고 생각한다. 갈등은 당연히 고조될 수밖에 없다.

공정성 갈등을 순치하기 위해서는 먼저 완화시켜야 한다. 갈등 조정은 공정성 표상을 네 단계에 걸쳐 '상대화'함으로써 공정성 갈등을 완화할 수 있다(Montada & Kals, 2013, p. 163).

- 첫 번째 단계에서 당사자는 자신의 공정성 표상을 공개하고 자신이 왜 격분하고 화가 나는지 그 이유를 밝힌다. 격한 감정적 반응은 객관성을 앞세워 억제되어야 할 대상이 아니라 사안이 당사자에게 얼마나 중요한지를 나타내는 지표이다. 특이한 언행으로 표출되는 격렬한 분쟁에 대해서는 실제로 논쟁의 여지가 있는 가치들에 눈을 돌려야 한다.

- 두 번째 단계에서 당사자는 상대의 공정성 표상에 주목하여 그가 주장하는 가치와 그 이유를 이해한다. 그렇다고 그의 가치를 수용할 필요는 없다.

- 세 번째 단계에서 양당사자는 자신들의 가치갈등을 가치 딜레마로 간주한다. 가치 딜레마는 서로 일치할 수 없는 가치들로부터 기인한다. 자유와 사회적 관계는 본질적으로 긴장관계에 있기 때문에 항상 새롭게 균형을 맞춰야 한다. 양당사자는 공정성에 대한 해석이 상황에 따라 다르다는 것을 경험을 통해 의식할 수 있다. 공정성 갈등의 본질적 딜레마 구조를 통찰함으로써 다음 마지막 단계로 갈 수 있다.

- 네 번째 단계에서 양당사자는 양립할 수 없는 양자택일의 자세를 멈추고 자신들의 요구를 서로 인정할 수 있는 환경을 조성한다. 그리고 서로 자신의 권리를 상대화하여 평화적인 타협점을 찾는다.

⑧ 가치갈등으로서 조직시민행동

조직은 조직 번영을 위해 힘쓰는 조직원들을 환영한다[조직시민행동(Organizational Citizenship Behavior: OCB)]. 일반적으로 조직원의 조직을 위한 자발적인 활동에 대해서는 보상이 없다. 그 활동을 중단해도 불이익을 받지 않는다. 특히 타인의 어려움을 고려하고 동료의 일을 돕는 것도 마찬가지이다. 모든 조직은 조직원들이 의무감이나 보상 없이 원활한 작업과정과 생산적인 조직풍토에 기여함으로써 생존해 나간다. 이러한 자발적인 몰입은 조직뿐만 아니라 조직원을 위해 매우 중요하다. 조직시민행동은 응집력을 증진하고 만족도를 높이며 스트레스를 줄이고 좋은 사람이라는 감정을 불러일으킨다.

하지만 조직원들은 은연중에 기대되는 조직시민행동에 대한 사회적 가치로 인해 동시에 요구되는 성과 및 결과 가치와 갈등할 수밖에 없다. 조력과 배려는 비용, 특히 시간을 필요로 하기 때문이다. 조력하는 조직원은 자신의 업무를 제때에 완수하지 못하거나 지연하거나 자신을 재촉하는 타인과 불편한 관계가 될 수 있다. 특히 조직이 개인적 성과로 평가하고 목표 달성에 따라 보수를 지급할 때 그렇다.

조직시민행동은 사전예방을 중시하는 조직원들을 갈등하도록 한다. 이들은 안전을 중요시하여 의무를 소홀히 하거나 업무를 지연해서는 안 되며, 가능한 위협요소를 조심스럽게 예상하고 자신의 자원을 고갈시키지 말아야 한다는 작업 및 생활태도를 가진 사람들이다. 이에 반해, 진보를 중시하는 조직원들은 조직시민행동을 가치 있고 동기를 부여하는 것으로 본다. 이들은 조직시민행동을 평판을 높이고 존경받고 인기를 높이며 자신을 선하고 도움이 되는 사람이라는 감정이 들도록 하는 자원으로 여긴다. 조직이 조직시민행동을 '윤활유'로서 필요하다고 여겨 암암리에 장려하면,

성과지향적인 리더들은 전혀 인정받지 못하는 '공상적 박애주의자'
쯤으로 간주한다.

조직시민행동은 사회적으로 환영받는 행동과 물질적으로 보상
받는 행동 사이에 전형적인 가치갈등의 일례이다. 조직은 그 갈등
을 제거할 수 없지만 해소할 수는 있다. 다음의 절차는 진심으로 받
아들일 경우에만 효과가 있다.

- 우선순위를 매긴다: 조직은 조직시민행동과 성과를 모두 중요한
  가치로 선언한다.
- 지원한다: 조직은 리더에게 의무적으로 목표를 세워서 조직시
  민행동을 조직원들에게 독려하고, 갈등이 있는 경우 곤란한
  처지에 빠트리지 않도록 한다.
- 보상한다: 조직은 조직원들이 조직시민행동으로 피해를 입으
  면 보상할 것임을 약속한다.

조직시민행동은 중의적인 자원이다. 상사가 공개적으로 조직시
민행동을 칭찬하고 장려하면 조직원에게 막대한 손해와 비용을 부
담시킬 수 있다.

(4) 세 갈등 유형의 위계

인상관리와 마찬가지로 자기기술(self-description)에서도 인간 실
존의 3차원 중에 우선시하는 것이 다르다. 우리는 자신의 자아상에
대해 먼저 자신을 정직하고 도덕적인 사람으로 묘사한 다음, 자신
의 사교적인 면을 밝히며, 끝으로 자신의 역량을 피력한다. 인상관

리와 유사하게 우리는 타인과 협력하는 경우에도 먼저 그의 성격에 관한 정보를 수집한다. 이어서 우선 그가 자신에게 어떤 의도가 있는지를 파악하고자 한다. 가령, 사장이나 동료가 신망 있고 성실하고 믿음직스러우면, 다음으로 그의 사교성에 관심을 둔다. 도덕적인 면을 우선시하는 것은 인상관리에 필수적이다. 우리는 정직하지 않은 사람을 수용하면 곧바로 불이익을 당한다. 상대가 친절한 척하면서 우리를 교묘하게 도구화하면 그만큼 불이익도 커진다.

① 관계갈등은 과업갈등과 겹친다

과업갈등은 해결될 수 있다. 하지만 관계갈등이 발생하거나 이미 분위기에 영향을 미쳤으면 사람들은 논쟁을 생산적으로 해결하고자 하는 객관적 태도를 더 이상 취하지 못한다. 관계갈등은 실질적 문제 해결에 걸림돌로 작용한다. 그 이유는 두 가지이다.

• 당사자들은 최선의 해결책을 모색하기 위해 정보를 있는 그대로 검토하려 하지 않는다. 자신의 의견은 견지하고 상대의 논증은 약화시키는 정보에만 선택적으로 집중한다. 나-중심으로 행동하고 더 이상 객관적으로 행동하지 않는다.
• 과업갈등 자체가 개인적 위협으로 여겨진다. 논증은 과업이 아니라 승패를 겨루는 데 기여한다. 조직에서 관계갈등은 항상 생존의 두려움을 야기하며, 그 두려움은 반사적으로 방어적 반응을 유발한다. 따라서 사람은 의심쩍은 상대의 적의에 대비할 수밖에 없다.

관계갈등은 사람들을 협력에서 경쟁으로 몰아넣는다. 긴장된 분위기에서 사람들에게 창의적으로 원만한 해결책을 강구하도록 하는 것은 정말 무모한 시도이다. 관계갈등은 가능한 많은 논의를 통해 치유할 수 있다.

② 가치갈등은 과업갈등과 관계갈등을 무가치하게 만든다

가치갈등은 당사자의 정체성과 직결되어 있다. 가치갈등은 과업갈등과 관계갈등보다 더 중요하고 당사자와 관련이 더 깊다. 당사자는 자신과 자아인식이 위협받으면 다른 갈등보다 비교가 안될 만큼 더 격렬하고 투쟁적으로 반응한다. 가치갈등은 곧바로 고조된다. 당사자들은 개인적 상처를 규범적으로 처리할 능력도 각오도 없다. 서로 상처를 주고 용서나 사과를 자신의 잘못을 시인하는 것으로 여긴다. 객관적 문제 해결은 "잘못된 삶 속에 올바른 삶(Adorno)"을 시도하는 것과 다를 바 없다. 이성적 이해관계 균형도 불가능하다. 인색하고 이기적인 마음만 더 커질 수 있다. 양당사자의 이해관계를 위해서는 정리나 합의가 유리할 수 있음에도 불구하고 협상을 거부한다. 가치는 협상이 불가능하다.

③ 갈등 대처의 비대칭성

갈등 대처도 세 갈등 유형의 위계구조에 따라 순차적으로 이루어져야 한다. 우리는 논리적으로 갈등의 끝부분을 보고서야 갈등이 있음을 알 수 있다. 갈등 초기에 우리는 갈등 주제, 즉 이슈(무엇이 쟁점인가?)에 대해 묻고, 이어서 갈등 당사자가 누구인지를 파악한다(갈등 당사자들은 어떤 사이인가?). 끝으로 규범적 영역, 즉 가치

체계(무엇이 중요한가?)를 이해한다. 갈등 대처는 양파 깎기와 유사
하다. 먼저, 껍질(과업)을 깎은 다음 알맹이(관계)를 깎고 마지막으
로 씨(가치)를 깎는다. 갈등은 이 순서대로 고조되고, 그 반대 순서
로 완화된다.

2) 구조적 갈등관리

리더는 조직의 세 가지 기본적 요구사항을 충족시켜야 하므로
(Stroebe, 2010) 다음과 같은 조직원의 행위를 지원해야 한다.

- 부여된 임무를 완수하고 합의된 목적을 달성한다(실행능력,
  locomotion).
- 단결을 도모하고 효율적으로 협력한다(결속, cohesion).
- 조직의 사명과 비전을 따르고 옹호한다(일체감, identification).

일상 업무에서 리더가 이 요구사항들을 고루 염두에 두면 불화
가 줄어들 것이다. 역량 있는 리더는 갈등을 예방하고 스스로 예방
적 행동을 한다. 긴장 상황을 방치하면 효율성이 떨어진다. 높은 성
과를 내기 위해서는 적절한 긴장이 필요하다. 의도된 반대나 반박
은 자극제가 되어 주의를 환기시킨다. 갈등 예방과 갈등 자극(conflict
stimulation)은 목표 지향적 도구적 갈등관리에 속한다(〈표 3-6〉 참조).
목표는 개인의 명성이 아니라 조직 이익의 최대화이다. 갈등 예방과
갈등 활성화를 균형적으로 신중히 한다는 것은, 곧 리더가 조직관리
관련 전문지식을 갖추고 있고 관리 책임을 다하고 있음을 방증한다.

〈표 3-6〉 구조적 갈등관리 방법

갈등 유형	갈등 예방	갈등 자극
가치갈등	• 조직원들이 공유해야 할 뚜렷한 사명과 설득력 있는 비전 • 협력가치 및 원칙에 대한 명확한 규정 • 조직문화에 적합한 조직원 채용 • 목표 및 전략에 조직원 참여 • 비판력 있는 충성심 요구와 촉진 • 매년 전략적 문제에 관한 회의 개최	• 가치와 에토스 요구, 위반 시 공개적 힐책 • 장기 비전 및 전략에 따른 목표설정 • 성과와 역량뿐만 아니라 도덕성에 따라 리더 평가 • 조직원에게 자기계발에 대한 생각을 표현하도록 함
과업갈등	• 도전적이고 검증 가능한 목표 합의와 명확한 재량권 규정 • 아이디어를 자극하고 혁신을 촉진하는 창의적 논쟁을 위한 회의 진행 • 수평적, 수직적 정보교환 촉진 • 문제와 긴장을 조기에 파악하여 공동으로 해결하기 위한 협력의 장단점에 관한 매년 회의 개최	• 결과 및 행동에 대한 정기적 평가 • 새로운 업무와 업무과정을 통해 조직원이 자신의 작업 습관을 변화시키도록 요구 • 공동의 문제 해결을 위한 회의 개최 • 반대 의견을 가진 사람을 지원 • 의사결정과정 축소 • 의사결정을 하위 조직원에게 위임
관계갈등	• 개방성과 신뢰의 귀감이 됨 • 갈등과 불만 공개 • 역량과 책임의 명료화 • 피드백 문화 창달과 평가회의 개최	• 새로운 팀 구성 • 연쇄적 관계로 작업하는 조직원들에게 공동책임 업무 부여 • 주기적 피드백 • 관계갈등을 위한 규칙 마련 • 만성적이거나 '냉랭 갈등'은 모더레이터의 지원을 받아 대처
역할갈등	• 가치를 실천하는 조직원은 승진, 가치를 무시하는 조직원은 제재 • 관리자 지원과 코칭 및 역할 규정 • 건설적 비판 문화 수용과 관용 • 일과 가정 균형 요구 및 조직적 지원	• 명확한 표현과 신뢰할 수 있는 정보 요구 • 조직원 서면평가 실시 • 리더의 의사결정 공개 요구 • 상호검토(peer review) 실시 • 리더에게 관리 책임 부가

(1) 갈등 저지(예방)

오늘날 조직원들은 일반적으로 자질도 뛰어나고 동기도 충분하다. 그들에게는 강사나 안내자가 아니라 성공적으로 일할 수 있는 여건을 조성해 주는 사람이 필요하다. 그들이 불분명한 역량 규정, 약속 불이행, 업무 중복으로 인한 경쟁 심화, 비효율적 회의 진행, 비협조적 사업 등을 겪게 되면 갈등은 발생할 수밖에 없다.

조직원들은 이 같은 결점의 근원을 리더의 무능력으로 보지 않지만, 자신들을 반목시켜 어부지리를 얻고 성과가 저조한 동료를 전근시키려는 리더의 숨은 의도를 간파한다. 이로 인해 단순한 불만 표출뿐만 아니라 불신과 무고의 분위기가 형성되면서 집단따돌림도 시작된다.

무능력이든 의도이든 기본 업무에 태만한 리더는 관계갈등을 야기한다. 그 갈등은 빠르게 가치갈등으로 고조되며 조직원들은 갈등에 많은 에너지와 시간을 허비한다. 그리고 자신들에게 인력과 자원을 위탁한 조직을 악용한다. 예방을 제대로 하지 못한다는 것은, 곧 리더의 "윤리적 리더십" 수준이 낮다는 것을 의미한다 (Berkel, 2013). 갈등 예방은 조직원들에게 위임될 수 없는 리더의 기본과제이다.

(2) 갈등 자극(선동)

신임 리더는 대개 부임한지 얼마 되지 않아 조직이 기대한 성과를 이루지 못할 것이라고 확신한다. 그 이유는 여러 가지이다. 팀들이 형식적이고 비효율적으로 작업한다. 업무 조율이 원활하지 않아 시간 낭비가 심하고 업무가 지연된다. 조직원들이 합의점을 제때에 찾지 못한다. 정보가 부정확하고 전달도 지체된다. 조직원들은 생각을 바꾸거나 학습하기를 거부한다. 서로에 대해 말은 하지만 소통은 하지 않는다. 서로 협조도 하지 않는다. 적절한 조치가 없으면 조직은 목표를 잃고 리더가 해고될 수도 있다. 이런 상황에서 리더라면 한번쯤은 갈등 없는 조직의 변화를 꾀할 것이다. 다음과 같은 간단한 진단만으로도 성과 향상을 위한 갈등 선동이 적절한지를 알아볼 수 있다.

- 당신은 주위에 동조자만 있다고 생각하는가?
- 조직원들은 자신의 실수, 불안 그리고 무지를 실토하기를 두려워하는가?
- 의사결정에 있어 가치, 장기적 목표 또는 비전은 포기하더라도 타협안을 모색하려 하는가?
- 리더는 조직이 평화롭고 조화로우면 좋은 인상을 받는다고 생각하는가?
- 의사결정권자는 사람들의 감정을 상하지 않도록 정말 주의하는가?
- 리더가 역량과 성과보다는 인기가 더 중요하다고 생각하는가?
- 리더가 의사결정에 있어 지나치게 의견 일치를 강조하는가?
- 조직원들이 새로운 것에 대해 이례적으로 강하게 저항하는가?
- 새로운 추가 아이디어가 부족한가?
- 인사이동이 이례적으로 적은가?

의식적(전략적) 자극 없이는 아무것도 움직이지 않는다. 문제는 리더가 적당한 수준까지만 갈등을 고조시킨다고 하지만 실제로 갈등이 고조되면 그 목표를 쉽게 망각한다는 것이다. 그는 자신의 행동은 변하지 않고 조직원들의 태도만을 변화시키려 하고, 그들을 동등하게 대하기보다는 이기려 하며, 이성적 논증을 따르기보다는 자신의 주장만을 강요하려 한다.

갈등 자극은 개방적 태도와 고조된 갈등을 유연하게 완화시킬 수 있는 기량이 필요하다. 갈등 자극에서 고려해야 할 사항은 다음과 같다.

- 뚜렷한 목표: 단기적으로, 장기적으로 나는 무엇을 성취하려 하는가?
- 한계: 내가 넘지 말아야 할 경계는 무엇인가? 배는 갑자기 키가 작동하지 않으면 안 된다.
- 균형: 갈등 고조가 적절한가? 신중을 기한다.
- 우선순위: 나에게 갈등보다 더 중요한 것은 무엇인가? A안이 실패하면 B안을 실행한다.
- 존중: 갈등 상황에서 나는 상대를 어떻게 존중할 것인가? 품위를 잃지 않는다.
- 유연성: 나는 언제까지 책략적 행동을 할 것인가? 갈등이 위험한 수준까지 고조되면 반응을 예측할 수 없다.
- 철회 전략: 나는 어떻게 적절한 시기에 갈등을 완화시킬 것인가? '우리는 이 상황을 극복할 수 있다!'

3) 공식적 갈등관리

갈등이 두 번째 단계(승부, 행동)로 고조되거나 '냉전'이 되면 갈등 양당사자는 갈등을 더 이상 스스로 끝낼 수 없다. 지각, 감정 그리고 행동의 다양한 심리적 과정이 뒤섞이면 악순환([그림 2-7] 참조)이 시작되고, 그 악순환을 통해 당사자들은 더 격한 감정에 휩싸여 갈등을 건설적으로 종결시킬 수 없다. 유능하고 경험이 풍부한 제삼자의 개입 없이는 갈등은 통제할 수 없을 정도로 위협적인 존재가 된다.

모더레이터, 코치, 슈퍼바이저, 중개자, 조정가, 판사, 권력기관 등 중립적 제삼자의 역할은 다양하다. 코치 또는 슈퍼바이저의 역할은 외부 전문가만 수행할 수 있다. 그 이외의 역할은 리더의 업무에 속한다. 그다지 격렬하지 않은 갈등은 모더레이션이나 중개가 필요하지만 고조된 갈등이나 당사자들이 합의하지 못하는 갈등은 판결이나 명령과 같은 권위적 결정이 필요하다.

(1) 모더레이션: 갈등 조정가로서 리더

조직원들이 갈등하며 자력으로 해결할 수 없는 경우, 상사는 조정가가 될 수 있다. 갈등 중개자로서 상사의 임무는 조직원들에게 해결책을 지시하거나 강요하는 것이 아니라 갈등 당사자들이 자신들의 갈등을 공정하게 해결할 수 있는 여건을 조성하는 것이다.

갈등 조정가로서 상사는 다음과 같은 임무를 수행한다.

• 갈등 상황을 진단한다.

- 대화 조건을 확정한다.
- 대화 과정을 이끌어 간다.
- 합의안을 도출한다.

① 갈등 진단

상사는 개별면담을 통해 갈등 당사자가 갈등을 어떻게 지각하고 판단하는지 파악한다. 정확한 분석을 위해서는 진단지[(2장 1절 1) 관찰자와 행위자와 더 자세한 분석 기준은 Crisand, 2010 참조)]를 활용한다. 진단을 통해 조정가는 다음과 같은 사항을 파악할 수 있다.

- 갈등 당사자들이 직접 대화 능력이 있고, 또 각오가 되어 있는가?
- 갈등 당사자들이 건강한 자의식을 가지고 있는가?
- 갈등 당사자들이 갈등을 감당할 수 있는가?
- 갈등 당사자들이 감정을 조절할 수 있는가?
- 갈등 당사자들이 경청, 감정 표현, 논리적 표현 등 일반적인 대화 능력이 있는가?

② 대화 조건 정의

- 심리적 장애요소와 갈등유발 요인들에 대한 특별한 주의가 필요하다. 심리적 장애요소는 대화를 방해하고 중단시킨다.
  - 심리적 장애요소: 두려움을 잃는다. 언행이 옳지 않다. 기만을 당한다. 감정을 통제하지 못한다. 적절한 표현을 하지 못한다. 상대와 함께 있지 못한다. 갈등 당사자가 너무 두려워

하면 갈등 조정가는 그를 보호해야 한다.
-외적 장애요소: 시간적 제약, 권한 부족, 집단 규범, 상사의
리더십 스타일, 공간적 거리 등의 실질적 제약들
• 폄하하는 발언, 무시하는 듯한 웃음, 얕보는 듯한 손동작 등에
의한 마음의 상처, 제안 거부와 저항과 같은 공개적 저항 그리
고 실패로 인한 좌절감 등의 갈등유발 요소들로 인해 논쟁이
벌어진다. 당장의 대화가 도움이 되지 않는 경우, 갈등 관리자
는 갈등 당사자들을 공간적으로 분리하거나 직접적 대면을 피
하도록 하는 등 장해물을 설치해야 한다.
• 대화 일정 합의: 대화 일정에 합의하고 대화 주제가 명시되면
갈등 당사자는 대화를 위한 준비를 할 수 있다.
• 대화 장소와 좌석 배치는 대화 당사자들에게 동등하게 이루어
져야 한다. 당사자들은 물리적 장해 없이 서로 대화할 수 있어
야 한다.
• 대화 참여자는 조정가와 갈등 당사자들이다. 집단인 경우에는
최대 7명이 대화에 참여할 수 있다. 대화 목표는 다시 협력하
거나 최소한 방해하지 않는 것이다.
• 목표는 갈등 당사자들을 화해시키는 것이 아니라 표출된 갈등
을 해소하는 것이다. 대화를 통해 합의에 도달하지 못한 경우
에는 상사는 대화 결과를 당사자들에게 분명히 전달하고 명령
으로 결정한다.

③ 대화 과정 안내
• 갈등 조정가의 역할을 설명한다: 상사는 제삼자로서 모더

레이터의 방법(절차 구조화, 해결 중심 대화 등)을 활용하지만 (Stroebe, 2011), 모더레이터로서 중립성은 지키지 않는다. 상사는 갈등 당사자들에게 대화를 통해 다시 협력하기 위한 구속력 있는 해결책이 도출되어야 하고, 갈등이 종결되지 않으면 본인이 결정할 것임을 명시한다.

- 긍정적인 분위기를 조성한다: 중립적 대화 장소 선정, 휴식을 위한 대화 중단 사전 예고, 유머 등을 통해 편안한 분위기를 조성한다. 목표 달성을 위한 진지한 자세와 긴장하지 않고 부드럽고 편안한 대화가 동시에 가능하도록 한다.

- 세분화 단계(이슈)와 통합(해결 아이디어) 단계를 분리한다: 먼저 서로 상대에 대한 비난을 확인하고, 요구사항을 파악하며, 주요 이슈를 추출하여야 합의를 시도할 수 있다. 제삼자는 주요 이슈들을 중심으로 '갈등지도'를 그려서 횡적으로는 갈등의 역사를, 종적으로는 갈등 패턴을 기록한다. 각 이슈에 대해서는 당사자가 추구하는 목표를 명료화한다. 이어서 제삼자는 갈등 당사자에게 잠시 자신의 입장을 생각하도록 하고 세부사항들은 뒤로 미루도록 한다.

- 가벼운 이슈부터 시작한다: 갈등 당사자들은 쉽게 합의할 수 있다는 체험을 하면 서로 신뢰를 쌓게 되어 어려운 이슈들도 처리할 수 있다는 용기가 생긴다.

- 중요한 이슈들은 '전체 주제'로 정하여 토론한다: 갈등이슈들은 서로 얽혀 있기 때문에 논리적으로 중요도에 따라 분리하는 것은 불가능하다. 갈등 조정가는 이슈들이 자연스럽게 서로 연관되어 대화가 진행되도록 한다. 갈등 전체가 시야에 들

어오면 합의를 할 곳, 타협을 할 곳 그리고 보상을 해야 할 곳
이 보인다. 갈등 당사자들은 대개 이 지점들을 직관적으로 알
아차린다. 대화에서 체면을 지키거나 패배자가 되지 않는 것
만이 중요한 경우가 빈번하다. 따라서 갈등 조정가는 사소하
고 암시적인 양보의 낌새까지도 꼼꼼히 기록한다. 주저하듯이
양보하는 당사자에게는 즉시 반응할 필요가 없다. 그의 양보
에 대해서는 최종적으로 모든 합의사항을 서로 비교하고 검토
할 때까지 언급하지 않는다.

- 감정적 표현을 허용한다: 갈등에서 감정은 소금처럼 중요하
다. 갈등 조정가는 대화의 이성적인 면을 강조해야 하지만, 갈
등 당사자의 감정적 표현을 '비이성적인 것'으로 경시해서는
안 된다. 갈등 조정가는 다만 갈등 당사자가 상대를 헐뜯거나
모욕적 언사로 마음에 상처를 입히거나 장황하게 자기과시를
하거나 또는 상대의 말에 끼어드는 등 대화에 악영향을 미치
는 경우에만 관여한다. 합리적 대화만으로는 서로 양보할 마
음이 생기지 않는다. 갈등 당사자에게 사안이 얼마나 중요한
지를 알려 주는 것은 언어보다 감정이다.

- 평등원칙을 준수한다: 한 당사자가 언변이 뛰어나거나 자신감
이 넘치거나 설득력이 뛰어난 경우, 갈등 조정가는 대화의 균
형을 잡기 위해 상대적으로 열세인 당사자를 격려하고 지지해
야 한다. 특히 갈등 조정가가 우세한 당사자에 더 호감이 가는
경우에는 평등원칙이 지켜져야 한다. 경우에 따라서는 역할
교환을 통해 갈등 당사자들에게 비대칭성을 설명하고 다시 균
형을 잡을 수 있다.

• 균형을 통해 적절한 긴장을 유지한다: 갈등 당사자 간 논쟁, 상
대를 이해시키려는 의지, 공동이익 추구 등이 너무 과하거나
부족하면 대화는 아무런 성과 없이 방향을 잃고 표류한다. 갈
등 조정가는 특히 세 가지 측면에서 균형을 잡아야 한다.
 −세부사항까지 표현하도록 하지만 주요 관심사(상위 목표)를
  염두에 둔다.
 −갈등의 원인, 업무 또는 조직구조로 인한 의견 대립과 갈등
  유발 요인 등을 밝히지만 갈등 당사자도 갈등에 대한 자신의
  책임을 인정한다.
 −의견 차이와 다양성을 명확히 밝히지만 갈등 당사자도 서로
  상대를 존중하고 배려한다.

④ 구속력 있는 합의안 도출

갈등 당사자들이 스스로 자신의 파괴적 행동을 중단하도록 하는
것이 대화의 목적이다. 다시 말해, 서로 상대를 더 이상 해치지 않
고 속박하지 않고 방해하지 않고 마음이 상하지 않게 하는 것이다.
갈등 조정가는 다음과 같은 여섯 가지 기준에 따라 갈등 종결을 위
한 합의안을 제안할 수 있다.

• 갈등 양당사자는 어떤 행동을 지금보다 더 많이, 더 자주 할 것
인가?
• 갈등 양당사자는 어떤 행동을 지금보다 더 적게 할 것인가?
• 갈등 양당사자는 어떤 행동을 예전과 같이 계속할 것인가?
• 갈등 양당사자는 상대가 원하는 행동을 하기 위해 무엇을 할

것인가?

- 합의안 이행 여부를 누가 어떻게 검토할 것인가?
- 합의안을 이행하지 않을 경우 어떤 제재를 가할 것인가?

합의안은 서면으로 작성하고, 갈등 당사자들이 서명하여 구속력을 높인다.

(2) 갈등조정: 갈등 조정가로서 외부 전문가

상사는 자신이 갈등 정리를 맡아서 할 것인지 아니면 외부 전문가에게 위임할 것인지를 신중을 기해 검토해야 한다. 그 판단기준은 자신의 갈등 관련성과 역량이다. 리더 자신이 갈등 당사자이거나 갈등을 스스로 신속하고 지속적으로 종결할 수 없는 경우에는 외부 전문가가 갈등 조정가가 되어야 한다. 물론 조직 내 관련 부서(인사부) 담당자가 갈등 조정가가 될 수도 있다. 성공할 가능성이 높은 조정이 되기 위해서는 조정가의 이론적, 방법적 그리고 사회적 전문성과 함께 조직과 조직의 가치지향에 대한 친숙도가 중요하다(Glasl, 2006; Redlich, 2009). 기업에서는 기업가적 사고를 하는 조정가, 교회에서는 같은 종교를 가진 조정가, 정당에서는 정치적 노선이 같은 조정가가 필요하다.

4. 협력적 갈등 대처: 갈등 당사자 간 합의

판사는 인류 역사에서 가장 오래된 역할 중에 하나이다. 부부,

동료, 동반자와 같이 동등한 위치에 있는 당사자 간 갈등이 특히 해결되기 어렵다는 것은 판사 역할에서 경험적으로 입증되었다. 갈등 당사자는 갈등 역동에 휩싸이면 자신과 상대의 관심사는 물론이고 그 과정에 대해서도 생각할 수 없다. 상당수 연구에 따르면 그렇기 때문에 갈등 당사자는 갈등을 스스로 해소할 수 없다고 한다. 하지만 우리는 일상적 갈등들을 서로 대처함으로써 함께 공존하고 협력할 수 있다. 협력적 갈등 대처 대화는 동등한 당사자들이 어떻게 건설적으로 대처할 수 있는지에 관한 연구 결과들을 바탕으로 개발되었다. 협력적 갈등 대처 대화의 핵심 아이디어는 협상에도 적용할 수 있다.

1) 협력적 갈등 대처 대화

협력적 갈등 대처 대화는 갈등 당사자들이 자신들의 갈등을 파악하고, 상황에 근거하여 체험하며, 목표 지향적으로 행동할 수 있는 지침을 제공한다. 협력적 갈등 대처 대화는 6단계로 진행된다.

- 단계 1: 갈등은 개인이 상대가 자신을 방해하거나 피해나 마음에 상처를 준다고 지각할 때 시작된다. 우리는 갈등 상황을 극복하기 위해 즉시 흥분하며 반응한다. 따라서 갈등 대처는 개인으로부터 출발하여야 한다. 첫 번째 과제는 자신의 흥분상태를 제어하는 것이다. 건설적 대화는 그 후에야 가능하기 때문이다.
- 단계 2: 이어서 관점을 상대에게로 바꾸어야 한다. 해소를 가능하게 하는 관계를 어떻게 형성할 수 있는가? 그런 관계를 위해

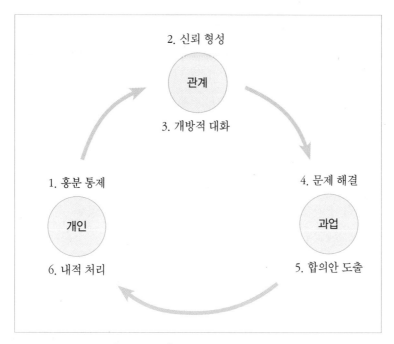

[그림 3-12] 협력적 갈등 대처 대화

서는 신뢰가 필수적이다. 신뢰를 쌓는 방법이 다음 단계이다.

- 단계 3: 갈등 대처를 위한 신뢰는 갈등 당사자 간에 지속적으로 유지되어야 한다. 지속적 신뢰는 개방적 대화를 통해 가능하다.
- 단계 4: 이슈에 대해 논의한다. 갈등 당사자들은 상호 신뢰와 개방적 대화를 통해 공동의 문제 해결에 전념할 수 있다.
- 단계 5: 신뢰관계가 지속되기 위해서는 해결책(합의, 정리)이 이행되어야 한다. 갈등 당사자는 아무도 보지 않는다거나 자신만 옳은 줄 알고 신뢰를 훼손해서는 안 된다. 이 같은 유혹 때문에 규칙(규범)이 필요하다. 합의안에 근거한 규범적 정리에

따라 당사자들은 의무적으로 합의사항들을 이행해야 한다.

- 단계 6: 갈등은 사회적 측면에서 해결되었지만 개인적으로는 여전히 해소되지 않았다. 갈등 당사자는 내적으로도 합의안을 긍정적으로 수용해야 한다. 갈등을 내적으로 처리해야만 실제로 대처할 수 있다. 갈등 대처는 갈등이 시작된 개인의 내면에서 종료된다.

협력적 갈등 대처 대화 6단계 모델은 갈등은 상반된 두 과정을 활성화한다는 가정에 기초한다.

- 인지적 과정과 정서적 과정: 갈등 해결을 위한 창의적, 건설적, 지적 노력은 감정적으로 편안한 분위기에서 가능하다. 분위기가 적대적이면 사고는 예민하고 예리해지지만 합의에는 전혀 도움이 되지 않는다. 갈등은 스트레스이다. 따라서 갈등은 갈등 당사자의 감정에서 시작하여 감정으로 마무리된다.
- 개인 내적 과정과 대인관계 과정: 6단계 모델은 이 얽힌 과정들을 순환관계로 형상화함으로써 갈등을 미루지 않고 실제로 종료하는 과정을 명확히 보여 준다.

① 단계 1: 흥분 통제

갈등은 항상 방해로부터 시작된다. 상대의 행동으로 인해 나의 목표를 위한 활동이 침해를 받거나 안정된 생활이 방해를 받는다. 이런 방해로 인해 내면에서는 순간적으로 에너지가 동원되고 충동이 자극된다. 이성적 대화를 위해 충동을 인지하고 통제하는 것이

첫 번째 과제이다. 첫 단계를 위해서는 다음과 같은 사항들이 고려
되어야 한다.

- 기본 갈등감정으로서 두려움과 분노. 나는 어떤 감정이 드는가?
- 감정 조절
- 유머-미발달된 갈등처리능력
- 갈등 상황 조망 및 평가
- 상대 감정에 대한 건설적 반응

■ 두려움과 분노-갈등감정

우리는 흥분하면 생물학적으로 이미 결정된 기본방향인 도피 또
는 결투에 돌입하며 감정적으로는 두려움 또는 분노를 느낀다.

〈표 3-7〉 기본 갈등감정으로서 두려움과 분노

도피 ↓ 두려움	결투 ↓ 분노
두려움은 내가 공격을 당할 때, 자신의 우세함을 위협적으로 활용하는 힘센 상대와 마주칠 때, 불안한 감정을 느낄 때, 준비가 되어 있지 않을 때 생긴다.	분노는 상대가 나에게 규칙을 위반하면서 방해할 때, 부당한 대우를 할 때, 공개적으로 창피를 줄 때, 근거 없이 책임을 전가할 때 발생한다.
두려움은 땀이 나고 몸이 떨리고 심장이 두근거리고 목이 쉬는 등 신체적으로 표출된다. 피가 '굳어서' 양다리로 전달된다. → 도피한다: 외면하거나 도망친다.	분노는 신체적으로 아드레날린 분비, 큰 목소리, 위협적 몸짓으로 표출된다. 피가 '끓어서' 양손으로 전달된다. → 투쟁한다: 공격하거나 물리친다.

생명체가 환경적 자극에 반응하는 방식인 접근과 회피의 양극
단에 결투와 도피가 위치한다. 갈등도 한 방식이다. 상사와의 갈등
은 대개 논쟁으로 비화하며, 조직원은 접근과 도피 사이에서 행동
하며, 감정적으로 '분노 또는 두려움'을 느낀다. 갈등행동과 감정은
다음과 같은 접근(1~8)과 회피(9~12) 척도로 측정할 수 있다.

〈표 3-8〉 상사와의 갈등에서 접근과 회피(Ferris et al., 2016, p. 1080)

1. 나는 상사를 놀리기까지 한다.	접근
2. 나는 상사에게 짓궂은 장난을 친다.	
3. 나는 상사에게 눈치 없는 발언이나 표정을 짓는다.	
4. 나는 상사에게 격의 없이 대한다.	
5. 나는 상사에게 민족적으로, 종교적으로 또는 인종적으로 차별적인 발언을 한다.	
6. 나는 상사를 대놓고 웃음거리로 만든다.	
7. 나는 상사를 모욕한다.	
8. 나는 상사에게 상처 주는 심한 말을 한다.	
9. 나는 가능한 상사와 거리를 유지한다.	
10. 나는 상사를 멀리한다.	
11. 나는 상사를 피한다.	
12. 나는 상사와 아예 말을 하지 않는다.	회피

조직에서 두려움과 분노를 유발하는 요인은 다음과 같다.

• 변덕스럽고 조급한 상사, 예민한 동료
• 시간 압박
• 제로섬 구조: 이기지 않으면 진다.

- 상대의 지나친 요구
- 적대적 태도
- 무시 또는 배제
- 역량이나 권한에 대한 의심

두려움과 분노는 갈등 대처를 쉽게 할 수도 어렵게 할 수도 있다. 여기서 결정적 요소는 감정의 정도이다. 두 감정이 너무 약해서도, 너무 강해서도 합의가 어렵다. 합의를 위해서는 중간 정도의 두려움과 분노가 필요하다. 감정의 정도와 합의 가능성은 U자 관계에 있다.

■ 감정 조절

누군가가 나를 방해한다고 지각하면 다양한 감정과 함께 그 방해에 대해 여러 이미지를 가지고 반응한다. 감정은 그 이미지와 결합되어 충동이 된다. 개인 A가 B와 서로 다른 충동을 느끼는 것은 A의 감정과 이미지의 결합이 B와 다르기 때문이다. 감정과 사고는 느슨하게 연결되어 있기 때문에 우리는 자극(갈등)에 매우 다양하게 반응한다. 우리의 행동은 동물처럼 기계적으로 결정되지 않는다. 우리는 감정과 생각을 구별할 수 있다.

갈등 상황에서 긴장이 주는 압박은 이 같은 우리의 통합적 능력을 약화시킨다. 감정과 사고는 분리되고 전형적인 두 가지 갈등현상인 심리적 억압과 격분으로 나타난다.

- 심리적 억압 상태에 있는 당사자는 자신이 방해를 받고 있다는 것은 지각하지만 분노는 감지하지 못한다. 어떻게 그러한

가? 심층심리학적 관점에서 보면 당사자는 격한 감정이 있지만 의식 밖으로 내몰아 의식하지 못한다. 그 이유는 무엇인가? 그 감정이 너무 강해서 견딜 수 없을 만큼 고통스럽고 위협적이기 때문이다. 자신이 방해받는다는 것만 의식하게 된다.

• 당사자는 상대의 방해에 격분하면 빨간색 천을 향해 돌진하는 황소처럼 반응한다. 극도로 흥분한 나머지 통제력을 잃고 어찌할 바를 모르는 상태에서 말 그대로 격분에 눈 먼 사람처럼 행동한다. 오직 감정만 의식한다.

심리적 억압과 격분은 파괴적 갈등 대처가 어떤 것인지를 잘 보여 준다. 서로 밀접한 관계에 있는 사고와 감정은 서로 분리되어 개별적으로 야성적 힘을 폭발한다. 당사자는 그 힘의 작용을 억누르지만, 우리가 알다시피 모두 허사가 된다. 갈등에서 자신에 대해 이같이 대하는 사람이 상대에게 이 모든 것을 인정하며 대할 수 있겠는가? 건설적 갈등 대처를 위해서는 감정이 동반된 표상과 공상적 행동 충동에 대한 의식이 전제되어야 한다.

연습 15: 억압하는가, 화를 내는가

당신은 다음 상황들에 어떻게 반응하는가?

• 당신이 교통법규에 따라 차를 운전하고 있는데, 앞차 운전자가 횡단보도에서 차를 세우고 당신이 뒤에서 들이받듯이 위협적으로 운전했으니 경찰에 신고하겠다고 소리를 지른다.

• 당신이 피곤해서 잠자리에 들려고 하는데 초인종이 울려서 현관문을 여니 친구가 문 앞에 서 있다.

- 당신이 아들/딸에게 몇 번이고 식탁을 말끔히 치우라고 했지만, 아들/딸은 못 들은 척 반응이 없다.
- 당신이 나타나면 두 직장 동료가 대화를 중단한다.
- 당신의 업무처리에 불만스러운 상사가 다음부터는 그 업무를 다른 동료에 맡기겠다고 한다.
- 동료가 당신이 급히 필요한 도구나 서류를 가져가서는 제자리에 갖다 놓지 않았다.

1. 당신의 첫 번째 반응을 기입한다.
2. 당신은 어떤 감정을 얼마나 의식하는가?
   무엇을 하고 싶은지에 대한 당신의 생각은 얼마나 명료한가?
3. 감정과 사고를 표현하여 갈등을 만족스럽게 해결할 수 있는 방법을 당신은 알고 있는가?

한발 더 나아가 생각해 보자. 나는 설사 근거 없이 소리를 지르는 앞차 운전자의 따귀를 때리고 싶다는 것을 의식한다 하더라도 이런 충동에 굴복해야 하는가? 행동 충동을 행동으로 옮기기에 앞서 잠시만이라도 주저하면 실제적인 갈등 대처를 시작할 수 있다. 하지만 행동을 지연시키는 "나는 어찌하면 좋은가?"라는 질문만 하면 생산적 갈등 대처는 불가능하다. 이 경우 갈등 대처는 당사자로부터 시작한다는 것이 너무도 명백하다.

그러면 어떻게 차분히 생각할 수 있는가? 방법은 당사자 개인이 감정이 동반된 충동에 대해 감정에 의한 심리적 억압으로 맞서는 것이다. 상대에게 소리를 지르고 싶은 충동을, 예를 들어 '그래, 보행자에 주의해야지. 지금 나는 욕하고 싶은 감정에 사로잡혔어. 저 운전자는 나보다 더 지친 사람이야.'라는 생각으로 억제할 수 있다.

감정이 동반된 행동 충동의 실행은 감정이 동반된 생각으로 중단
될 수 있다.

그 이유는 다음과 같다. 추상적 숙고만으로는 행동 충동을 유예
하거나 약화시킬 수 없다. 나의 행동이 중대한 결과를 초래하지 않
는다면 어떤 행동이라도 할 것이다. 의식하기보다는 예감되는 위
협적 결과는 언론의 제재나 개인적 보복뿐만 아니라 심리적 수치
심이나 죄책감이다. 모든 도덕체계는 부정적 결과에 대해 감정이
동반된 구체적 설명을 함으로써 충동적 행동을 억제한다. 복음이
나 정언적 명령도 마찬가지이다. 예수(Jesus)는 신의 초대를 거부
하는 자들에게 주저 없이 영원한 저주로 위협하고, 칸트(Kant)는 도
덕적 감정을 결정적 원동력으로 가정하고 우리가 도덕률을 어기면
자존감을 잃을 것이라고 예견한다. 물론, 우리는 단지 두려움 때문
에 도덕적으로 행동하는 것은 아니다. 하지만 대부분의 사람은 위
협적 결과를 예견함으로써 충동을 포기한다.

충동을 억제하는 생각을 하는 능력은 도덕교육의 열매이며 우리
의 성격을 형성한다. 자신의 행동에 책임지는 것뿐만 아니라 공동
생활에서 갈등을 평화적으로 해결하는 것 또한 의식적 생활방식에
속한다. 평화는 분노와 불만을 느끼지만 곧바로 상대에게 표출하
지 않는 우리의 성숙한 태도로부터 시작된다. 미덕은 부단한 훈련
으로 좋은 습관을 기르는 것이다. 평화는 유토피아적 산상수훈이
아니라 오늘의 미덕이다.

좀 더 생각해 보면, 우리는 과연 어떻게 내적 흥분을 정신적으로
완화시킬 수 있는가? 두 가지 방법이 있다.

- 차단한다: 신체적 또는 언어적 공격을 하지 않는다.
  - 일어서서 숨을 깊이 쉬고 물건을 바닥에 던진다.
  - 마음속으로 '그만!'이라고 명령한다.
- 방향을 바꾼다: 흥분을 다른 목표로 돌린다.
  - 더 아름답거나 더 나쁜 것을 생각한다.
  - 관찰자가 되어 자신과 상대를 밖에서 바라본다.
  - 상대가 말로 표현하도록 집중한다.

　마지막 항목은 당연히 매우 어렵다. 상대로 하여금 분노를 조절하게 하여 대화하도록 하는 것은 실패하기 쉽다. 그 이유는 긴장 상황에서 우리는 익숙한 행동 패턴으로 회귀하기 때문이다. 상대와 동일하거나 보완적 방식으로 반응하는 데 익숙하다. 상대의 위협에 위협으로, 고함에 침묵으로 반응한다. 위협 및 징벌 패턴은 서로 점점 더 자극함으로써 악순환으로 고조된다.

　당사자의 예기치 않은 행동은 상대를 당혹스럽고 불안하게 한다. 낯선 행동을 하면 그에 대한 반응은 다를 수밖에 없다. 상대는 한숨을 쉬며 혼란스러워서 안절부절못한다. 이 모습이 내적 갈등의 주요 특징이다. 이로써 협력적 갈등 대처를 위한 결정적 전제조건이 충족된 셈이다. 다시 말해, 대인갈등을 갈등 당사자의 내면으로 옮긴 것이다. 대개 상대에게 대화를 제안함으로써 내적 갈등을 제어하는 역량을 회복할 수 있다. 물론 대화를 한다고 해서 반드시 합의를 할 수 있는 것은 아니다. 하지만 여하튼 대화는 기계적 반사작용보다 더 낫다.

■유머-미발달된 갈등처리능력

익숙하지 않은 행동은 어떤 행동인가? 그 예는 다음과 같다
(Pikas, 1974, p. 53).

• "야, 이 나쁜 놈아, 너에게도 영리한 구석이 있네, 그것 한번 보자."
• "당신의 분노가 인상적입니다. 저의 분노하고 한번 사귀어 보
  실래요?"
• "필요한 것이 그거야? 너는 우리처럼 '쌍욕'을 할 수 없을걸?"
  (교황 요한 13세가 자기를 보자 도망가는 재소자에게 한 말이다.)

예기치 않은 행동은 상대에게 인지부조화를 일으켜 갈등 고조를
멈추게 하고 건설적 변화를 가져온다. 상대의 행동을 비판함과 동
시에 인간적으로 존중하는 말은 이중 메시지를 포함한다. 이런 말
은 청자인 상대로 하여금 그 진술에 반대할지 아니면 화자를 인간
으로서 수용할지 혼란스럽게 만든다. 부조화는 불안하게 하고 잠
시 주저하도록 하여 다시 생각하도록 한다. 상대는 일상적인 것을
일부러 의도적으로 한다. 갈등이 사람을 통제하는 것이 아니라 사
람이 갈등을 다시 통제하는 것이다.

정확히 말하자면, 유머는 기대와 상반된(역설적) 진술을 통해 긴
장 상황을 완화시키는 능력이다. 유머는 즉시 효력을 발휘하여 우
리의 체계적 사고를 비껴나가 직접적으로 우리에게 영향을 미친
다. 유머는 우리가 갈등으로 인한 스트레스를 단번에 해소할 수 있
는 정신적 힘을 지니고 있다. 유머는 어떻게 불신과 비난으로 고조
된 폭발력을 멈추게 할 것인가? 갈등 조정가인 존 포레스터(John

Forester, 2009, p. 155)의 몇 가지 아이디어를 정리하면 다음과 같다.

- 유머는 창의적이고 현실적이다. 유머로 맥락이 확대되면 갈등 당사자들은 자신들의 갈등을 다르게 보고 실제로 무엇이 중요한지 즉시 알게 된다.
- 유머는 서로 상대에게 대하는 것이 얼마나 불합리한지를 순식간에 보여 준다.
- 유머는 잠시 휴식을 취하도록 한다. 편안히 웃고 서로 뭉칠 수 있게 한다.
- 유머는 화합하도록 한다. 우리는 합의해야 하지만 그 방법을 모르는 불안한 상황에 있다. 양당사자는 이 상황을 제한적으로만 통제하고 있다. 서로 상대에게 의존한다.
- 유머는 겸손하도록 한다. 우리는 자신의 오류 가능성을 알고 있고, 자신이 상대에게 얼마나 위험한지도 예견한다.
- 유머는 개인이 아니라 우리가 모든 기대에 부응하여 수행하는 역할을 상대화한다. 유머로 여유 있는 태도를 취할 수 있다.
- 유머는 존중의 표시이다. 우리는 상대가 좋은 의도가 있음을 인정한다.
- 유머는 우리 자신을 표현한다. 갈등 상황에서 우리가 취하는 스타일은 우리의 성격과 가치를 그대로 보여 준다. 유머는 우리의 참 모습을 보여 준다.
- 유머는 움직이게 한다. 유머는 민첩하지만 부드럽게 상대와 호흡을 맞춰 추는 춤과 같다.
- 유머는 초대한다. 유머로 자신을 낮추는 사람은 상대를 초대

해서 협의하려는 신호를 보낸다.

- 유머는 권력을 약화시키고 권한을 위임하도록 한다. 유머는 위협적 몸짓이나 당당한 체하는 모습 그리고 거드름 피우는 태도가 얼마나 우스꽝스럽고 옹졸한 짓인지 알려 준다. 유모는 권한을 위임한다. 독재자들은 권한 위임을 정말 어렵게 생각한다.

유머는 상대를 우롱하려는 조소도, 상대에게 자신을 뽐내려는 아이러니도, 상대를 무시하려는 냉소도, 조롱도 아니다. 유머에는 진지함과 유쾌함이 섞여 있다. 진지함은 우리가 자신의 행동을 돌이킬 수 없다는 것을 알기 때문이고, 유쾌함은 우리가 선이 악에 쉽게 굴복하지 않기를 바라기 때문이다. 유머는 일시적 희망의 표시이다. 유머는 인간의 무능함을 인정하는 삶의 태도에서 발아하여 인간을 받아들이고 인간의 말을 비관적으로 여기지 않는 내적 관대함으로 성장한다. "죄인은 사랑하되, 죄는 미워하라(성 아우구스티누스)."

연습 16: 갈등 상황에서 창의성

가족 또는 직장에서 최근 당사자들 간에 심한 막말이 오간 갈등을 생각한다.

- 브레인스토밍을 통해 독창적 묘안을 찾는다.
  갈등 당사자들의 가능한 반응을 모두 떠올린다. 떠오른 반응들이 협력적 갈등 대처에 기여할 수 있는지 평가하지 말고, 먼저 갈등 상황에서 가능한 행동범위를 확대한다.
- 가능한 반응들을 그룹으로 나누어 정리한다.
  가장 큰 그룹과 가장 작은 그룹이 있는가? 초대하는 제스처가 있는가? 무언의 요청이 있는가? 개방형 질문이 있는가? 진지한 호의가 있는가? 침묵이 있는가? …….

두려움과 분노를 통제하여 대화를 가능하게 하는 몇 가지 실제적 힌트가 있다.

〈표 3-9〉 감정 다루기

의기소침과 달리, 도피는 우리를 파멸로 내몬다.	분노를 용기로 전환 분노는 작은 정신착란이다.
1. 분노의 조짐을 즉시 인지한다. 2. 도전적 요소들은 두려움에서 비롯된다는 것을 명심한다. 　• 가슴이 두근거림 　• 근육 긴장 　• 경계심 증가 3. 나는 두려움을 어떻게 표현할 것인지 의식한다. 　• 두려우면 어떻게 바라볼 것인가? 　• 나의 목소리는 어떤 소리인가? 　• 시선을 회피하는가? 　• 음료를 마시며 길게 말한다. 4. 무엇이 두려움을 유발했는지 규명한다. 　• 나는 행동해야 하는가? 　• 나는 어떤 사람들을 두려워하는가? 5. 두려움을 줄일 수 있는 방법 　• 내가 자신 있게 적절히 행동했던 상황을 생각한다. 　• 두려움의 원인을 내가 통제할 수 있거나 두려움이 약하게 또는 웃음거리로 작용하는 상황으로 돌린다. 　• 신중하게 준비한다. 6. 자신감이 없어도 자신 있게 행동한다. 7. 성급히 포기하는 것을 피한다. 8. 스트레스 정도를 이완기법 또는 스포츠를 통해 낮춘다.	1. 자신을 파악한다. 　• 무엇이 나를 화나게 하는가? 　• 나는 그 화를 어떻게 감지하는가? 　• 나는 화를 어떻게 정확히 표현할 것인가? 2. 나를 쉽게 화나게 하는 것을 찾는다. 　• 나는 무엇을 예방할 수 있는가? 　• 나는 무엇을 저지할 수 있는가? 3. 분노를 억제할 것인지, 표현할 것인지를 정한다. 4. 분노를 통제하는 방법 　• 중단하고 휴식을 취한다. 　• 숫자를 10에서 1까지 거꾸로 센다. 　• 음료를 가지고 온다. 　• 보이지 않게 근육을 이완, 수축한다. 　• 말하고 싶은 것을 적는다. 　• 몇 번 심호흡을 한다. 　• 좋은 일을 생각한다. 　• 분노유발 요소가 있을 것을 각오한다. 5. 분노와 실망을 효과적으로 표현하는 방법 　• 나를 분노하게 한 행동을 설명한다. 　• 나의 감정을 기술한다. 　• 상대에게 나의 입장에 서기를 부탁한다. 　• 상대에게 비난하거나 책임을 전가하지 않는다. 　• 상대에게 존중을 표한다.

9. 타인과 자신의 두려움에 대해 이야기한다.	6. 왜곡하거나 편견을 갖지 않는다.
	• 상대에게 나쁜 것에 대해서만 책임을 부여하지 않는다.
	• 자신은 책임이 없고 상대에게만 책임이 있다고 전가하지 않는다.

연습 17: 갈등에서 나의 감정

최근 겪은 갈등 세 가지를 기억한다.

• 돌이켜 보건대, 당신의 첫 번째 감정적 반응은 무엇이었는가? 무엇을 보고 그런 반응을 보였는가? 당신은 강하게 또는 약하게, 적극적으로 또는 소극적으로, 거부하듯이 또는 양보하듯이 행동했는가?
• 당신은 일반적으로 어떤 감정(두려움 또는 분노)을 다스리는가(기본 자세)? 이와 관련하여 생애에 어떤 경험이 있는가?
• 갈등하는 동료 또는 동반자와 같은 상대는 당신을 어떻게 생각하는가? 당신에 대한 그들의 이미지가 당신의 자기평가와 일치하는가?

■ 상황 평가

감정 통제는 대화를 위한 다음 사항들을 사정하기 위한 전제조건이다.

• 대화 장소: 대화 장소 주변에 사람들이 있거나 있을 것으로 예상되면 어떤 당사자든 장소 이동을 제안하는 것이 좋다. 장기간 지속된 갈등은 상대에게 비공식적으로(예: 전화) 대화를 요청하는 것이 적절하다. 대화 동기를 간단히 설명하고 함께 갈등을 해소하고 싶은 마음을 전달한다. 불시의 공격이나 서면

에 의한 대화 요구는 피해야 한다.

- 대화 일정: 어느 쪽이든 너무 흥분해 있다면 일단 하룻밤을 넘기는 것이 좋다. 다음으로 양당사자는 시간을 갖고 떨어져 있어야 한다. 곧바로 일정이 잡히지 않으면 어느 쪽이든 대화를 피하려 한다거나 갈등에 비중을 두지 않는다는 의심이 생긴다. 이러한 상상은 가설로서 논의될 수 있다.

- 제삼자 개입: 한쪽이 제삼자의 개입을 고려할 경우, 상대의 동의가 필요하다. 사전 통보 없이 제삼자를 개입시키면 상대는 거부할 것이다. 관건은 누가 제삼자인가이다.

  - 상사: 상사가 관여하면 갈등은 공식적인 것이 된다. 장점은 갈등이 조직 차원에서 관련 조직규범에 제한을 받는다는 것이다. 단점은 상사는 실제로 갈등을 대처하는 것이 아니라 명령으로 중단하려 한다는 것이다.

  - 동료: 상대가 다른 사람들과 동맹을 맺어 맞서면 갈등은 고조된다.

  - 조정가(인사담당 부서): 조정가는 필시 갈등 양당사자 사이에서 실제로 대화를 돕고 협력적 갈등 대처를 위해 이끌어 갈 것임을 보장한다.

제삼자 개입은 다음과 같은 상황에 적절하다.

- 갈등 당사자가 희망 없이 열등감을 느낀다.
- 갈등 당사자가 갈등을 어떻게 다룰지 모른다.
- 두려움 또는 분노와 같은 격한 감정에 휩싸여 있다.

■ 상대의 감정에 건설적으로 대응하는 방법

갈등 고조를 중단시키는 말과 행동은 고도로 창의적인 일이다. 불쾌하고 흥분한 상태에서 유화적인 말, 장난스러운 몸짓, 비폭력적 언어 등을 할 수 있는 환상과 자의식도 역시 창의적인 일에 속한다.

⟨표 3-10⟩ 불편한 감정처리

꺾어진 갈대를 똑바로 세운다.	상대를 무장해제시킨다.

1. 상대의 두려움을 지각한다.
2. 지각된 상대의 두려움을 공감하여 전달한다.
3. 유연하게 반응한다.
   두려움은
   • 회피나 도피로 인해 합의를 어렵게 만든다.
   • 합의 의지나 양보와 굴복으로 합의를 쉽게 만든다.
4. 자신의 걱정과 두려움을 상대에게 표현한다.
5. 신뢰를 쌓기 위해 상대의 피해나 상처를 인정한다.
6. 두려워하는 상대가 체면을 지키도록 도와준다.
	1. 열띤 토론을 완화시킨다.
	   • "무엇이 당신을 그렇게 화나게 했습니까?"
	   • "당신이 얼마나 분개하는지 알고 있습니다."
	2. 분노의 기능을 평가한다.
	   • 분노가 예측되는가?
	   • 분노가 다시 진정될 수 있는가?
	3. 상처받은 상대의 발언에 대해 말한다.
	   • "당신이 한 말을 다시 한번 생각해 보길 바랍니다."
	   • "당신이 그 말이 부적절했음을 알기 바랍니다."
	   • "그러는 동안 나는 잠시 물을 마시고 오겠습니다."
	4. 분노에 전략적으로 응수한다.
	   • 침묵한다: 말을 하지 않는다.
	   • 진정한다: 분노를 받아들인다.
	5. 분노한 상대가 체면을 지키도록 도와준다.
	6. 모더레이터의 지원을 받는다(지나치게 공격적인 경우).

② 단계 2: 신뢰 형성

갈등 당사자는 자신과 자신의 흥분에 집중하는 내면 작업을 마치고 이어서 상대에게 주의를 돌린다. 상대가 협력적 갈등 대처로 선회하도록 하기 위해서는 신뢰가 필수적이다. 신뢰 상황은 네 가지 특징이 있다(Deutsch, 1976)

- 신뢰하는 사람은 모험을 한다. 신뢰에 따른 결과는 좋을 수도 있고, 나쁠 수도 있다.
- 신뢰하는 사람은 도량이 넓다. 나는 순전히 상대에게 달려 있다.
- 신뢰를 저버리는 것은 신뢰를 지키는 것보다 더 심각한 일이다.
- 그럼에도 불구하고 신뢰하는 사람은 희망적으로 행동한다.

예 상사가 회사 명운이 걸릴 정도로 중요한 과제를 부하에게 맡겼다. 이것은 신뢰에 의한 결정이었다. 그 이유는 다음과 같다.

- 상사는 위험을 감수한 것이다: 부하는 상사를 실망시킬 수 있다.
- 상사는 도량이 넓은 사람이다: 상사는 부하의 성과에 의존한다.
- 상사는 부정적 결과를 각오한다: 상사는 부하가 곤경에 빠지면 스스로 그 모든 책임을 진다.
- 상사는 확신한다: 상사는 부하의 충성을 바란다.

신뢰는 의식적으로 계산된 위험을 포함한다. 이에 반해, 불신은 위협적 상황에서 무의식적 자기보호를 위한 반응이다. 갈등 당사자는 장벽을 쌓고 약점을 드러내지 않으려 하며, 마음의 벽을 쌓고 자신을 보호한다. 불신은 전쟁에서 병사들이 자신을 보호하기 위해 무장하는 것과 같다.

긴장된 갈등 상황에서 신뢰가 가능하기 위해서는 갈등과 정반대의 것이 필요하다. 갈등 당사자는 상처받더라도 과감히 자신을 표현하고, 무기 사용을 포기하고, 상대에 대한 불안과 두려움이 크지 않도록 해야 한다. 신뢰는 자의식을 전제로 한다. 자신의 실수와 약점을 시인하는 사람만이 두려움과 의심을 인정하고 당당하게 상대에게 다가설 수 있다. 신뢰가 도움이 된다는 것을 경험한 사람만이 솔직하고 정직하게 행동할 수 있다.

갈등 상황에서 신뢰를 위해서는 두 가지 행동이 중요하다.

- 자기공개(self-revelation): 갈등 당사자는 개인적으로 모험을 감행한다. 자신이 얼마나 심각하고, 무엇이 두려운지, 무엇을 원하는지 솔직히 말한다.
- 관대: 갈등 당사자는 상대를 자극하고 무시하고 해치는 행동을 중단한다. 상대의 약점을 이용하지 않는다.

■ 자기공개

직원이 상대에게 "당신이 늦게 와서 불쾌합니다. 늦으면 우리 관계에도 안 좋지요. 늦지 않기를 바랍니다."라고 말한다.

- 직원은 상처받더라도 자신을 표현한다: 상대가 거부하거나 웃음거리로 만들 수도 있지만 자신의 감정을 표현한다. "당신이 화가 나는 것은 당신의 일입니다."

- 직원은 상대가 아니라 자신을 괴롭히는 행동에 대해서만 경고 하고, 관계는 계속 유지할 것임을 강조한다.
- 직원은 공동 해결책이 없으면 발생할 수도 있는 결과에 대해 알린다. 이것은 협박으로 오해될 수 있지만 여러 가능성 중에 하나를 결정하라는 요구로 이해된다.
- 직원은 위험을 무릅쓴다: 상대와 관계가 중요하다고 솔직히 밝 힌다. 상대는 관계가 하찮은 것이라고 퉁명스럽게 말할 수 있다.

■ 관대

부하가 상사의 서신을 보고 "당신의 꾸지람이 마음에 걸립니다." 라고 말한다.

- 부하는 마음의 상처를 입었음을 솔직하게 표현한다.
- 부하는 상대를 공격하는 것("당신은 자제심 없는 사람입니다.")이 아니라 자신을 괴롭히는 행동에 대해서만 항의한다.
- 부하는 상대가 자신이 한 행동의 결과에 대해 숙고하도록 자 극한다. 상대는 긍정적 목표를 위해서는 긍정적 수단이 필요 하다는 것을 명심해야 한다.
- 부하는 상사가 자신을 겁쟁이로 볼 수 있음에도 불구하고 시 도한다.

두 사례에서 갈등 당사자는 협력적 갈등 대처를 위해 신뢰 기반 을 다지는 데 최선을 다했다.

게임 1(부록)을 통해 우리는 신뢰 판단에 따라 인지와 사고, 감정과 행동의 다양한 과정이 이루어짐을 알 수 있다.

③ 단계 3: 개방적 대화

신뢰는 쉽게 훼손될 수 있으므로 이슈에 대해 말하기 전에 공고히 하는 것이 중요하다. 협력적 갈등 대처는 개방적 대화에 기초한다. 그렇다면 무엇에 대해 대화하는가? 다음과 같은 사항들이 도움이 된다.

- 지각: 나는 갈등을 어떻게 지각하는가?
- 감정: 나는 갈등 상황을 어떻게 체험하는가?
- 태도: 나는 상대와 경쟁하려 하는가, 협력하려 하는가?
- 대화: 나는 방어적 대화를 조장하는가, 협력적 대화를 조장하는가?

■ **지각**

지각은 갈등이 발생하는 데 중요한 역할을 한다(1장 4절 2) 사회적 갈등 참조). 따라서 갈등 당사자가 갈등을 어떻게 지각하고 어떤 사건들을 중요시하는지를 파악하는 것이 중요하다. 갈등을 규명하기 위해서는 애매한 단서나 섣부른 추측이 아니라 관찰 가능한 행동과 검토 가능한 사건들이 중요하다.

예 부정적: "당신은 나를 전혀 믿지 않아요!" 이런 말로는 대화 상대가 아무것도 시작할 수 없다. 상대는 이 불신을 어떻게 해소할지 막막하다.

긍정적: "당신은 어제 주문을 취소했습니다. 당신이 나를 신뢰하지 않는 것 같습니다." 상대는 주문 취소의 이유를 설명할 수 있다. 우선 갈등 양당사자는 갈등이 어떤 사건들로 인해 발생했는지를 명확히 함으로써 각자 자신의 견해와 입장의 근거를 댈 수 있다.

■ 감정

지각은 외부 세계에 근거하고 또 그로부터 수정될 수 있지만, 감정은 내적, 순전히 개인적 반응 방식이다. 관건은 갈등 당사자가 어떤 감정이 드는지가 아니라 그 감정을 의식하고 적절히 표현할 수 있는가이다.

> 예 부정적: "주문은 절대 취소가 불가능합니다."라고 말한 화자는 자신의 감정을 모르거나 표현하려고 하지 않은 것이다. 분노, 격분, 굴욕감, 불안, 체념 등 다양한 감정이 그를 몰아댈 수 있다. 비록 그는 자신의 감정을 정확히 파악한다 하더라도 그 감정을 직접적으로 아니면 간접적으로 표현할 것인지 결정할 수 있다.

- 그는 심리상태 또는 외부 사건으로 무엇이 자신을 움직이는지를 알면 자신의 감정을 직접적으로 표현한다. 갈등도 감정을 유발한 원인을 밝히는 것이 중요하다.
- 감정은 비난이나 책임 전가 등으로 간접적으로 표현된다. "당신은 나를 전혀 배려하지 않아요." "도대체 쉴 시간도 없습니다." "당신과는 이성적 대화를 할 수 없습니다."

행동: 정보를 전달하지 않는다, 서류를 누락한다, 불평한다 등.

갈등 당사자는 지배적인 감정 방향에 따라 갈등유발 사건에 대해 감정적으로 어떻게 반응할 것인지를 결정한다.

성격에 따른 상대에 대한 감정 방향(접근, 회피, 대립)은 갈등 표출 방식에도 영향을 미친다(〈표 3-11〉 참조).

〈표 3-11〉 성격에 따른 대화

	접근	회피	대립
쉬운 상황	자신의 상태(두려움, 걱정, 고통, 부담감, 거부감)에 대해 솔직하게 말한다.	자신의 감정을 억누르고, 상대의 감정도 무시한다. 객관적이고, 냉정하고, 거리를 두고, 빈정대고, 무감각하며, 무례하기까지 하다.	상대에 대한 공격적 감정을 즐기며, 상대에게 마음의 상처를 주고, 무시하고, 군림하고, 배려심 없이 야비하게 대한다.
어려운 상황	자신의 감정을 참고, 공격적이고, 전투적인 감정을 솔직하게 표현한다.	대체로 감정을 인정하고, 상대의 격한 감정(두려움, 걱정, 친하고 싶은 소망)을 인내한다.	온정과 호감 또는 두려움, 불안감 그리고 죄책감을 표현한다.

접근형 사람들은 자신이나 관계가 위협받기 때문에 공격을 두려워한다. 이러한 상관관계를 상세히 알면 상대의 공격적 표현이 실제로 자신을 향한 것인지 아니면 상대가 모든 갈등에서 보여 주는 반응 패턴인지 검토해 볼 수 있다.

감정 방향은 갈등 대처에 있어 고유의 장점과 단점을 지니고 있다. 협력적 갈등 대처에 방해가 되거나 유리한 감정 방향이 따로 있는 것은 아니다. 공격적 행동으로 강제할 수는 있지만 화해하기는 어렵다. 온정으로 양보할 수는 있지만 무기력해진다. 감정은 갈등이 아니라 개인의 일부분이다. 갈등이 아니라 개인이 갈등행동을 결정한다. 따라서 협력적 갈등 대처를 위해서는 자기인식과 자의식이 필요하다.

■ 태도

갈등 당사자의 협력적 또는 경쟁적 태도는 갈등 대처에 결정적이다.

도이치(Deutsch, 1976)에 따르면 경쟁 맥락에서 협력적 행동은 불가능하다. 특히 협력하고자 하는 사람들은 타협 없이 경쟁만을 원하는 상대에 밀려 단지 '그의 의견을 존중한다.'는 의미에서 경쟁하게 된다. 경쟁은 또 다른 경쟁을 유발하여 '자기충족적 예언'이 된다.

협력적 갈등 대처를 위해서는 최소한 갈등 당사자 중 한쪽만이라도 상대로부터 자극받거나 경쟁에 휩싸이지 않겠다는 강한 의지가 필요하다. 실제 협력적 자세를 취하면 상대로 인해 실망할 수도 있지만 상대가 앙갚음하도록 자극하지는 않는다. 그렇다면 어떻게 상대가 협력적 행동을 하도록 할 수 있는가? 더구나 경쟁을 강조하는 문화에서는 어떻게 할 것인가? 몇 가지 제안을 하면 다음과 같다.

- 협력적 갈등 대처의 장점과 경쟁적 갈등 대처의 단점을 제시한다.
  - 협력적 갈등 대처의 장점: 갈등 양당사자에게 유리한 합의와 원만한 관계
  - 경쟁적 갈등 대처의 단점: 지속 가능성 없는 승리와 해결책

을 무산시키고 어렵게 하는 복수심에 찬 관계

- '상대도 그렇게 대우받기를 원하는가?'라는 황금률을 명심한다.
- 이슈를 객관적으로 규명된 결과와 갈등 당사자들의 역할 긴장 에 근거하여 탈개인화한다.
- 지속적 갈등 정리를 위해 상대가 필요함을 강조한다.

이 모든 노력의 목적은 상대로 하여금 자신의 요구(권리) 및 장 점(이익)과 자신의 경쟁 행동(강요) 사이에 인지부조화를 겪게 하는 것이다. 협력에 동의하는 것은 내적 갈등의 결과이다. 태도는 내적 갈등을 통해서만 변화된다.

연습 18: 나는 갈등 대처 대화를 어떻게 시도할 것인가

다음과 같은 상황에서는 협력적 갈등 대처를 위해 어떤 표현이 적절한가?

1. 동료가 항상 사무실 문을 열어놓는다. 당신은 그에게 이미 여러 번 찬바람 이 싫다고 말했다. 그럼에도 불구하고 동료가 또 문을 열어놓았다.
2. 상사가 당신에게 승진을 돕겠다고 약속했다. 그런데 오늘 상사가 당신의 승 진을 위해 아무것도 하지 않았다는 것을 알았다. 다른 동료가 승진하였다.
3. 당신은 부하직원에게 긴급한 과제를 주말까지 끝마치도록 부탁하였다. 하 지만 금요일 오후에 확인해 보니 부하직원은 그 과제를 제때 마치지 못할 것 같았다.
4. 당신은 오래 전부터 동료 직원이 사장과 막역한 사이임을 알았다. 두 사람 은 자주 만나 단둘이만 조용히 대화를 나눈다. 오늘도 당신이 다가가니 두 사람은 하던 대화를 멈췄다. 당신은 동료와 함께 사무실로 돌아왔다.
5. 당신의 부서가 새로운 사무실로 이사를 했다. 업무공간이 동료들보다 협 소해서 차별받는 느낌이 든다.

이슈는 관계를 모르면 제대로 이해할 수 없다. 과업갈등, 관계갈등, 가치갈등 등 모든 갈등은 관계 안에서만 발생한다. 갈등은 사람들 사이에서 그 모습을 드러낸다. 과업과 관계는 형상과 배경의 관계에 있다.

- '테이블 위'에서는 실질적 문제에 대해 협상한다.
- '테이블 밑'에서는 논증보다는 경쟁과 시기, 열등감과 우월감이 더 심한 관계 싸움이 벌어진다.

테이블 위에서 벌어지는 격한 반응은 밑을 보지 않으면 이해할

〈표 3-12〉 경쟁적 대화 패턴과 협력적 대화 패턴(Deutsch, 1976)

대화 패턴	
폐쇄적 방어적	개방적 탐색적
평가적 —————— 평가, 비교, 비판	서술적 관찰 내용 반복
통제적 —————— 상대방을 강제로 변화시킴	문제 지향적 공동의 해결책 모색
전략적 —————— 목표 은폐, 전술, 조작	솔직한 목표 공개, 속이지 않음
객관적 —————— 거리 유지, 무관심, 이용	인간적 공감, 존중, 지지
우월 —————— 지배, 강요	동등 동등한 입장에서 협상
확정적 —————— 답을 알고 있다, 자기보호	잠정적 탐색, 시험, 신중한 판단

수 없다.

격한 감정을 표현하면 전문가답지 못하다는 것은 조직 세계에서 불문율과 같다. 업무뿐만 아니라 협업은 합리적 행동 규범에 근거하여 실행되어야 한다. 솔직하고 직접적 감정 표현이 금기시되기 때문에 갈등 상황에서도 감정은 단지 암암리에 간접적으로만 표현된다. 그 결과, 예를 들어 조직에서는 회의에서 방어적 대화 패턴이 지배적이다. 이로 인해 갈등은 더 고조된다. 개방적 대화 패턴은 리더가 솔선수범을 통해 훈련해야 한다. 그 결과는 협력적 갈등 대처에 반영되고 영향도 미친다.

다음 대화는 조직에서 갈등이 발생한 경우 업무에 관한 협상 이전에 관계 규명이 우선되어야 함을 보여 준다.

연습 19: 폐쇄적 대화와 개방적 대화

젊은 직원 M이 사장 V에게 조직개편에 대해 보고했지만 이후 사장으로부터 아무런 말을 듣지 못했다. 어느 날 직원이 사장에게 말을 걸었다.

M: 4주 전에 저는 사장님께 조직개편을 제안했습니다. 사장님께서는 저의 제안서를 보셨는지요?

V: 물론이죠. 나는 당신이 무엇을 말하는지 모두 알고 있어요. 당신의 통찰력은 대단해요. 입사한지 1년 반 만에 벌써 모든 것이 어떻게 변해야 하는지 알고 있군요. 우리 회사에서는 바보들만 일하고 있다는 것이지요?

M: 얼마나 고루하게 일하고 있는지 그리고 어떻게 다르게 일할 수 있는지 알면 그런 의견을 드릴 수 있습니다. 진심으로 말씀드리자면, 조금만 심사숙고하는 노력만 있으면 누구나 할 수 있는 일이지요.

V: 당신은 콜럼버스의 계란이라도 발견한 것 같군요.

M: 아닙니다. 발견한 것이 아니라 단지 추적한 것일 뿐이지요.

V: 당신은 정말 이 제안이 당신 것이라고 주장하는 건가요? 어디선가 베낀
   것이죠!
M: 어떻게 그런 생각을 하시나요? 첫째, 저는 베낄 필요가 없습니다. 둘째,
   새로운 조직이 필요하다는 사실은 변함이 없습니다. 사장님이 지금까지
   이유 없이 저의 제안서에 아무런 반응을 보이지 않는 것은 얼마나 제가
   옳은지를 증명하는 것입니다.

---

1. 개방적 대화와 폐쇄적 대화를 구분한다.
2. 동일한 주제를 가지고 개방적 대화 롤플레이를 한다.

④ 단계 4: 문제 해결

협력적 갈등 대처 과정에서 신뢰와 개방적 대화는 이성적, 즉 근
거와 설득력 있는, 문제 해결을 할 수 있는 토대가 된다. 문제 해결
에서 부딪히는 어려움은 다음과 같다.

- 문제 정의
- 해결책 모색
- 결정 또는 합의

■ 문제 정의

해결에 앞서 문제를 먼저 정의하는 것이 논리적이다. 하지만 갈
등 상황에서는 심리 논리가 지배한다. 다시 말해, 문제가 감정적 요
소들과 뒤섞여 있다. 이런 점에서 문제 정의를 위해서는 두 가지 사
항을 고려하여야 한다.

- 문제 정의는 이미 해결책을 포함하고 있다.

  예 A부장이 개혁에 반대하는 것이 문제이면 해결책은 A부장이 변해야 하는 것이다.

  A부서가 개혁에 반대하는 것이 문제이면 해결책은 A부서가 개편되어야 하는 것이다.

- 문제 정의는 상황에서 사람으로 이동한다. 우리는 문제에 열중할수록 개인에서 '근본' 문제를 찾으려 한다. 예를 들어, 부서에서 작업 문제를 분석하는 경우에 일반적으로 문제를 점점 협소하게 정의한다.

  −문제 정의: 우리 회의는 비효율적이다.

  −문제 정의: 특정 주제는 금기사항이다.

  −문제 정의: 사장은 모든 일을 대충 넘기는 사람이다.

이 부서는 문제인 '비효율적 회의'를 실질적 측면에서 개인적 측면으로 이동시킨다. 해결책이 사장에게 있으므로 사장은 변해야 한다는 것이다. 그렇지 않으면 아무것도 변하지 않는다. 문제 정의를 개인화하면 극단적인 해결책이 도출될 수밖에 없다. 그런 해결책은 윤리적으로 물의를 일으킬 뿐만 아니라 실질적으로도 미흡하다. 우리는 이 같은 경향을 통해 문제는 실질적 측면과 개인적 측면을 모두 포함한다는 것을 이해할 수 있다. 문제 정의는 복잡할 수밖에 없다. 문제를 간단히 정의하면 해결책은 그만큼 미흡할 수밖에 없다. 갈등 상황은 긴장감으로 인해 문제를 단순화한다. 갈등 당사자는 이러한 경향에 어떻게 맞설 수 있는가?

- 모든 갈등의 문제는 갈등이 갈등 당사자들을 결속하고 마비시키는 데 있다. 갈등 당사자의 피해와 무능력이 자세히 기술되어야 한다. 그렇다면 피해 또는 무능력이 어떻게 지적으로, 감정적으로, 의도적으로 표현되는가? 피해 또는 무능력은 어떻게 행동에 영향을 미치는가? 행동 수준으로 표현하면 이해가 쉽다.
- 가치나 선호가 서로 다르다는 것은 문제가 아니다. 갈등의 핵심은 갈등 당사자들이 서로 상대를 방해하거나 피해를 주기 위해 가치를 이용하거나 도구화하는 것이다.
- 문제는 갈등 당사자가 상대의 공격을 차단하거나 벽을 쌓는 데 있는 것이 아니다. 문제는 갈등 당사자의 명확한 이해관계를 파악하고 인정하며 원만한 해결책을 찾는 것이다.

■ 문제 해결

해결책은 결코 저절로 생기는 것이 아니다. 해결책은 최선을 다해 찾아야 한다. 이를 위해서는 끈기 있는 자세가 필요하다.

- 끈기를 가지고 서로 만족하는 공동의 해결책을 모색한다.
- 유연하게 다양한 방법과 수단을 찾는다.

유용한 해결책은 그 모색 과정이 다음과 같아야 한다.

- 갈등 당사자는 의도적으로 생각할 시간을 갖는다.
- 가장 먼저 떠오른 방안이라고 반드시 최선의 방안은 아니다.

현명한 해결책을 위해서는 신중한 검토가 필요하다.
• 타인의 의견이나 생각을 듣는다. 즉, 조언을 구한다.
• 상대를 개심시키거나 변화시키는 것이 아니라 서로의 장해물
  이 극복되어야 한다.

■ 결정
수월하게 대안을 결정하기 위해서는

• 그 대안이 갈등 당사자들의 이해관계를 부분적이라도 만족시
  켜야 한다.
• 갈등 당사자 모두 걱정이 없어야 한다.

갈등 상황에서 결정과정은 합리적인 비용−편익 계산의 원리가
아니라 정치적이거나 상업적 협상 논리에 따라 진행된다. 최종 합
의는 통합적 해결책을 통해 이루어진다. 통합적 해결책은 세 가지
방법으로 모색한다(Pruitt & Carnevale, 1993, p. 36).

• 새로운 방안들을 개발하고 자원을 확대한다.
  −자원을 확대한다: 두 번째 회사 차를 장만하기 위해 구내식
    당 식단을 간소화한다.
  −압박을 풀거나 역량을 강화한다: 분기별 보고를 반기별 보고
    로, 표시제도를 개별 평가로 대치한다.
  −상반된 소망들을 연결하여 실현한다: 방해받지 않는 편안한
    작업과 교류 욕구를 매일 함께하는 커피타임으로 만족시킨다.

• 서로 양보한다.

갈등 양당사자가 서로 상대에게 중요한 것을 양보한다.

−이슈를 작게 쪼개어 개별적으로 해결책을 찾는다.

−양보하는 대신 보상을 받는다.

◇개별보상: 두 동료 직원이 공석인 과장 자리를 놓고 경쟁한다. 한 직원은 과장이 되고, 다른 직원은 더 중요한 업무를 맡는다.

◇동질보상: 한 직원은 사장에게 비공식적으로 보고하지 않고, 상대 직원은 뒷담화를 멈춘다.

◇대체보상: 직원이 잦은 초과근무로 불평한다. 사장은 그에게 매달 가족과 함께하는 외식을 제안한다.

• 근본적 관심사를 만족시킨다: 요구 뒤에는 대개 개인적 관심사(소망, 근심)가 숨어 있다. 그 관심사를 알게 되면 해결책을 찾을 수 있다.

−소망: 두 직원이 팀장 자리를 놓고 다투고 있다. 한 직원은 승진을 원하고, 다른 직원은 종속을 원치 않는다.

−근심: 판매부서는 고객에 체면을 잃을까 걱정되어 기한을 엄수하기를 바라지만, 생산부서는 계획을 더 철저히 세우기 위해 대화를 원한다.

−선례로서 합의: 여직원은 자녀를 돌보기 위해 한 시간 늦게 출근한다. 이 예외 상황은 1년 동안만 유효하다.

문제 해결 과정 체크리스트

1. 갈등 당사자들은 문제를 명확히 이해하는가?
2. 문제가 다양하게 정의되었다는 것이 납득되었는가?
3. 문제의 실질적 측면과 개인적 측면이 분명해졌는가?
4. 갈등 당사자들은 필요한 정보를 주고받을 시간이 있는가?
5. 갈등 당사자들의 관심사가 밝혀졌는가?
6. 갈등 당사자들은 다양한 해결책을 고려하려 하는가?
7. 다양한 방안이 있음에도 불구하고 갈등 당사자들은 모두를 위한 공동의 결정 목표를 진심으로 추구하는가?
8. 갈등 당사자들이 선호하는 것이 같은가? 그렇지 않다면 서로 양보할 수 있는가?
9. 한쪽이 상대의 양보에 대해 보상할 수 있는가?
10. 갈등 당사자들은 공동의 결정을 하는가?

---

⑤ 단계 5: 합의안 도출

최종적으로 합의된 사항들은 불신 때문이 아니라 미흡한 부분을 보완하기 위해 서면 또는 증인을 통해 확정되어야 한다. 갈등 정리는 갈등 양당사자의 자발적인 선의의 노력을 통해 가능하다. 공식적으로 구속력 있는 합의안은 다음과 같은 장점이 있다.

- 합의안은 개인적 재량에 좌우되지 않는다: 합의안의 신뢰성이 더 높아진다.
- 합의안은 통제가 필요 없다: 관계가 불신으로 훼손되지 않는다.
- 합의안은 규칙으로서 작용한다: 합의안은 규범성을 지닌다.

합의안과 정리는 다음과 같은 조건에서 유지된다.

- 갈등 당사자의 주요 이해관계와 생각을 존중한다.
- 갈등 당사자 간 신뢰에 근거한다.
- 명료하고 오해의 여지없이 조리 있게 작성된다.
- 다른 사람들에게도 알려진다.
- 갈등 당사자의 의무로서 해야 할 것 또는 할 수 있는 것을 정한다.
- 위반행위에 대한 제재를 규정한다.
- 준수함으로써 효과적이고 원만한 업무 관계가 돈독해진다.

⑥ 단계 6: 개인적 처리작업

갈등이 합의된 규정을 통해 관계 차원에서 종식됨으로써 갈등 당사자들은 다시 자유롭게 행동할 수 있다. 하지만 각 당사자의 내면 상태는 또 다른 문제이다. 당사자는 갈등의 후유증으로 인해 여전히 불편할 수 있다. 후유증이 강할수록 마음의 상처도 그만큼 크다. 갈등은 개인적 차원에서 최종 종식되어야 비로소 실질적으로 대처한 것이다. 다시 말해, 합의안으로 편안한 마음으로 생활하고 일할 수 있어야 갈등을 대처한 것이다. 갈등 대처는 개인이 갈등을 성숙한 방법으로 처리하느냐에 달려 있다(3장 2절 1) 심리적 갈등 대처 방식 참조). 갈등을 잊고 곧바로 일상으로 돌아갈 수 있는 사람도 있지만, 더 좋은 해결책을 궁리하거나 마음에 들지 않아도 합의에 따르는 사람도 있다. 내적 갈등 처리는 대인관계에서 불거진 사건의 결과이자 원인이기도 하다. 우리는 다시 내적 갈등에 대처해야 하는 출발점에 서게 된다. 내적 갈등 대처와 대인갈등 대처가 연속적으로 이루어짐으로써 순환과정이 형성된다. 갈등 대처는 개인 내면에서 시작하여 대인관계를 거쳐 다시 개인 내면에서 끝난다 ([그림 3-12] 참조). 갈등은 재발할 가능성을 배제할 수 없다. 갈등이 재발하면 상황도 다시 악화되기 때문에 또 다른 차원의 순환과정이 시작된다.

협력적 갈등 대처 대화 모델은 갈등은 대처할 수 있지만 해결될 수는 없다는 가정에 근거한다. 과업갈등은 해결이 가능하다. 하지만 일상적 갈등들은 실질적, 감정적 그리고 규범적 요소들의 상호 작용이므로 근본적으로 해결(제거)되지 않는다. 항상 그 요소들의 새로운 구성으로 통제(정리)될 뿐이다.

2) 협상

협력적 갈등 대처 대화의 진행과정과 요소들은 이해관계에 초점을 맞춘 협상에도 적용할 수 있다. 하버드모델(Fisher et al., 2004)에 따르면 (통합적) 협상은 원만한 합의를 목표로 한다. 그 합의는

- 공정한 방법으로 이룬다.
- 갈등 양당사자를 모두 만족시킨다.
- 오래 지속된다.
- 향후 관계를 해치지 않는다.

협상 당사자들은 두 가지 극단적 경향을 유연하게 효과적으로 표출하여야 한다(Mastenbroek, 1992).

- 서로 경쟁하고 협력한다.
- 방안들을 유연하게 탐색하고 자신의 목표를 위해 부단히 노력한다.

협상 당사자는 이들 경향을 어떻게 설정하느냐에 따라 협상 스타일이 정해진다. 협상 스타일은 건설적인 면(+)도 있지만 동시에 파괴적인 면(−)도 있다.

협상 과정은 당사자들이 서로 밀고 당기는 일종의 댄스(협상댄

	소극적 기다린다	적극적 탐색한다
협력적	+ 원칙을 중시한다. • 공동의 이해관계를 강조한다. • 가치와 규칙에 호소한다. • 규칙 준수에 주의한다. − 경직되어 있다. • 자신의 요구를 고수한다. • 경직되고 융통성이 없다. • '설교자'처럼 훈계하려 한다.	+ 합의를 중시한다. • 기탄 없이 친절하다. • 유연하고 노련하다. • 서로에게 유익한 결과를 도출하려 한다. − 조화를 강조한다. • 너무 빨리 양보한다. • 늘 걱정이 많다. • 협상을 너무 빨리 종료하려 한다.
경쟁적	+ 분석적이다. • 자료와 사실에 의지한다. • 논리적으로 근거를 제시한다. • 신중히 검토한다. − 항상 자신이 옳다고 주장한다. • 세부사항에 집착한다. • 감정을 무시한다. • 냉소적이고 거만하다.	+ 요구적이다. • 결과를 원한다. • 일을 재촉한다. • 모든 기회를 이용한다. − 공격적이다. • 강제하고 공격한다. • 강요하고 이기려 한다. • 관계 단절로 위협한다.

[그림 3-13] 협상 스타일 유형

스, negotiation dance)와 같다(Raiffa, 2002, p. 112). 일반적으로 스텝과 몸놀림은 동일하지만, 순서와 리듬은 문화적으로 형성된다([그림 3-14] 참조). 성공적 협상은 경쟁 또는 협력 전략에 기초한 네 단계로 진행된다(Adair & Brett, 2005).

(1) 단계 1: 입장 표명(경쟁적)

협상은 당사자들의 입장 및 요구와 감정적 설득으로부터 시작된다. 당사자들은 자신의 영향력을 과시하며 경쟁적 관계를 형성하면서 가치와 원칙에 호소한다. 모든 협상은 입장 표명으로 시작된다. 하지만 당사자들은 서로 경쟁적으로 자신의 입장만 내세우면 협상이 실패할 것임을 즉시 감지한다. 따라서 당사자들은 서로 자신의 요구를 멈추고 상대가 원하는 것을 파악하는 다음 단계를 밟아야 한다. 성공적 협상 당사자일수록 다음 단계 진입이 더 빠르다.

(2) 단계 2: 문제 파악(협력적)

당사자들은 문제에 집중하고 이슈들을 구분하며 자신의 이해관계와 선호하는 것을 밝힌다. 이로써 협상은 보다 더 실질적인 내용으로 전개된다. 당사자들이 협상의 본래 목표 합의로 선회하지 않으면 협상은 갈등 고조로 인해 결국 실패한다.

(3) 단계 3: 해결방안 개발(경쟁적)

협상은 고유의 역동으로 다음 단계로 진행된다. 당사자들은 서로 무엇을 우선시하고 선호하는지를 알게 되면 합의 가능 여부를 감지한다. 서로 상대에게 방안을 제시하지만, 항상 가능한 자신에게 유리한 것을 성취하기 위해 분투한다. 각자가 제시한 방안들은 목표, 한계 그리고 대안을 기준으로 하여 평가한다. 평가단계에서 대화는 솔직하고 긴밀하기도 하지만 사실, 대안 그리고 결과를 중심으로 보다 더 합리적으로 이루어진다.

(4) 단계 4: 합의안 도출(협력적)

어느덧 협상은 결론에 이르게 된다. 당사자들은 대안들을 줄여 나가면서 서로 상대에게 제안하고 양보한다. 이 마지막 댄스 스텝은 이제 현실적 제안을 하기에 충분한 정보를 가지고 있기 때문에 서로 합의할 수 있다는 신호를 보낸다.

협상댄스는 당사자들이 '협상 딜레마'를 어떻게 성공적으로 압도하여 합의에 도달하는지를 보여 준다. [그림 3-14]는 특히 협상을 위한 가이드라인이다. 이를 통해 당사자들은 목표를 향해 경쟁적

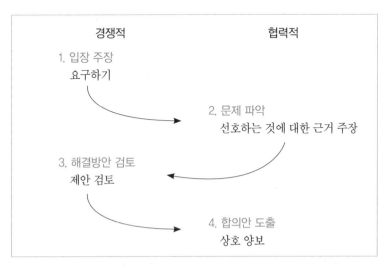

[그림 3-14] 협상댄스(Adair & Brett, 2005)

단계와 협력적 단계를 춤추듯 우아하게 오가며, 언제 자신의 요구를 주장하고 또 추구할지 그리고 언제 자신이 선호하는 것을 탐색하고 상대에게 양보할 것인지 알 수 있다. 협상댄스는 협상의 핵심으로서 협력적 갈등 대처 대화 모델 [그림 3-12]에 통합될 수 있다.

협상을 위한 체크리스트

1. 흥분 통제
- 신체적 경고 신호에 주의한다.
- 상대를 분노하게 하는 자극적 표현을 파악한다.
- 비난을 흘려 듣고 신경 쓰지 않는다.
- 상대의 공격에 말려들지 않는다.
- 상대에 대해 역할과 사람을 분리한다.

2. 입장 주장
- 자신의 기대감을 명확히 표현한다.
- 요구사항을 사실, 근거와 함께 제시한다.
- 상대에 예의를 지키고 존중한다.
- 상대를 설득하기 위해 감정을 조절한다.
- 속임 없이 솔직하게 대화한다.
- 현실적 방안을 가지고 대한다.
- 상대의 허점을 이용하지 않는다.

3. 문제 파악
- 이해관계와 선호하는 것을 분명하게 제시한다.
- 적극적으로 경청하고 질문한다.
- 중간 결과를 요약하고 확인한다.
- 세부사항들까지 모두 기록한다.

- 누가 속임수나 술책을 쓰는지 파악하여 밝힌다.
- 유머스럽고 유연하게 대응한다.

4. 해결방안 개발

- 필수 목표와 희망 목표를 구분한다.
- 방안을 함께 개발하고 평가한다.
- 합의 목표를 잊지 않는다.
- 최종 합의에 의한 공동이익을 재차 확인한다.
- 합의 실패로 인한 결과를 명확히 한다.

5. 합의안 도출

- 작은 결과라도 성공으로 평가한다.
- 합의안에 섣불리 만족하지 않는다.
- 능력을 최대한 발휘한다.
- 합의안은 명료하고 이해하기 쉽게 서면으로 작성한다.
- 합의안 비판에 대한 대응을 어떻게 할 것인지 상의한다.

6. 개인적 처리

- 합의안을 심적으로 긍정한다.
- 경우에 따라서는 재빨리 실망스러움을 감춘다.
- 복수심을 품지 않는다.
- 희망사항과 요구(권리)사항의 차이를 배운다.

갈등과 함께하는 삶

사회과학적 갈등 연구는 서양의 과학적 낙관주의에 뿌리를 두고 있다. 과학적 낙관주의에는 갈등 해결, 즉 갈등 제거 및 통제, 간단히 말해 관리하기 위해서는 '도구'를 지배해야 한다는 기술친화적 자세가 자리 잡고 있다. 따라서 가족갈등, 이웃갈등 그리고 조직 대내외 갈등 거의 모두 관리의 대상이다. 하지만 종교갈등, 윤리갈등 그리고 국제갈등은 사회과학적 도구로는 결코 이해할 수 없다. 개인 내적 갈등도 마찬가지이다. 백여 년 넘게 축적된 심리학적 지식으로 내적 갈등에 대한 이해는 깊어졌지만, 그렇다고 우리가 그만큼 갈등으로부터 자유로워지거나 저항력이 강해진 것은 아니다. 우리는 여전히 갈등하고 있다.

갈등에 대해 우리가 할 수 있는 것은 세 가지이다. 첫째, 해결이다. 우리는 갈등을 완전히 제거하여 재발하지 않도록 할 수 있다. 둘째, 갈등을 실질적으로 중지할 수 없는 경우 다른 시각에서 갈등을 기회로 전환할 수 있다. 셋째, 해결도 전환도 불가능하다면, 끝으로 우리는 갈등을 인내하고 갈등과 함께 사는 방법을 배워야 한다.

지금까지 사회과학적 전통에 따라 갈등관리의 접근법과 방법에 관해 살펴보았다. 갈등을 다루는 첫 번째 방법은 갈등을 고통처럼 해소하거나 적어도 통제하는 것이다. 나머지 두 가지 방법은 방법론적으로 이해하기 어렵지만 실제적으로 더 중요하다. 끝으로, 이들 방법과 관련하여 몇 가지 생각을 제시한다.

1. 갈등 전환

갈등은 갈등에서 벗어나거나 적어도 갈등을 줄이라는 해결 압력을 가한다. 우리가 체험하는 그 압력은 물리적 현상이 아니다. 프로이트(Freud)는 승화의 예를 들어 육체적 욕망을 정신적 통로를 통해 창조적 성취로 전환시키는 방법에 대해 설명하였다. 우리는 통찰력을 연마하고 발휘하여 갈등 압력에 대해 프리즘과 같이 여러 방향으로 반응함으로써 맞설 수 있다. '나는 무엇을 해야 하는가?'라는 질문을 '나는 무엇을 할 수 있는가?'라는 질문으로 바꾸면 새로운 길이 열린다. 갈등으로부터 배운다는 생각으로 갈등 압력을 더 적극적으로 다룰 수 있는 통찰력을 갖게 된다.

갈등에서 배우는 12가지 교훈

1. 갈등은 문제를 표출시킨다: 갈등은 무엇인가 순조롭지 않다. 행동이 필요하다. 우리가 결정을 해야 한다는 것을 의식하도록 한다.
2. 갈등은 변화를 촉구한다: 갈등은 변화해야 한다는 신호이다. 습관을 버리고 태도를 바꾸며 능력을 배양한다는 것이다.
3. 갈등은 압력을 가한다: 갈등은 장애를 극복하고 논란의 소지가 되는 사안들을 처리할 수 있는 에너지를 제공한다.
4. 갈등은 관계를 돈독하게 한다: 사람들은 서로 이해하고 관심사를 나누며 고통을 함께한다.
5. 갈등은 결속력을 강화한다: 원만한 불화 해소, 신속한 충돌 방지, 솔직한 분노 표현 등으로 협력을 증진한다.

6. 갈등은 삶을 풍부하게 한다: 갈등은 반복되는 일상에서 벗어나 관계를 다
채롭게 하고, 대화를 촉진하며, 개인을 개성적이고 인격적으로 만든다.

7. 갈등은 이해관계를 일깨운다: 사람들이 서로 다르고 의견들이 서로 다르
다는 것은 놀라운 사실로서 호기심을 자극하며 서로 더 이해하도록 한다.

8. 갈등은 창의력을 촉진한다: 다양한 관점은 상황에 대한 이해력을 넓히고
새로운 해결방안을 강구하도록 한다.

9. 갈등은 자아인식을 증진한다: 우리는 자신에게 중요한 것이 무엇인지, 나
는 무엇을 위해 존재하는지, 한계가 무엇인지 알게 된다.

10. 갈등은 더 나은 의사결정을 하도록 한다: 다양성은 방안들에 대해 기회
와 위험을 예리한 눈으로 철저히 따져 보도록 한다.

11. 갈등은 성격을 형성한다: 태도와 습관, 스타일과 개성은 평생 갈등과 씨
름하면서 형성된다.

12. 모든 사람이 규칙을 지킨다면 갈등은 흥미진진한 모험이다: 위험한 운
동, 격투기, 극기 여행 등처럼 갈등은 긴장을 만끽할 수 있는 기회이다.

2. 갈등 인내

갈등을 다루는 방법은 고난이나 질병처럼 대개 갈등 제거 및 종
결이다. 갈등 컨설팅 전문가들은 고객에게 갈등으로 인한 고통에
서 해방될 수 있다고 장담한다. 하지만 갈등을 속성상 제거할 수 없
다면 어떻게 할 것인가?

우리 삶에 영향을 미치는 갈등은 영속적이고 지속적이며 항시
적이다. 그 이유는 무엇인가? 가치, 목표, 이해관계, 인간, 집단, 국
가, 사회제도 등 서로 대립하는 요소들은 간단히 사라지거나 멈추

지 않는다. 이 요소들이 불일치 상태로 지속되면 긴장이 생기고, 이로 인해 갈등이 발생한다. 갈등이 영속하는 이유는 노력이 부족해서가 아니라 갈등을 생산하는 모순들이 지속되기 때문이다. 개인의 삶과 공동생활은 그 모순들과 적대감으로 뒤섞여 있다. 그 발로로서 갈등은 필연적 결과이다.

갈등 대처는 눈에 띄는 해로운 폭력적 징후들을 제지, 중단 또는 저지하는 것이다. 이것을 갈등 제거로 생각하면 커다란 착오이다. 갈등은 제거되는 것이 아니라 지양되는 것이다[헤겔(Hegel)에 의하면, 지양은 극복, 보전 그리고 고양을 의미하는 개념이다]. 판사의 판결로 분쟁 당사자 간 분쟁이 종결되지만, 그렇다고 그들의 모순이 제거되는 것은 아니다. 그들의 목표와 이해관계는 사라지지 않는다. 폭력적 갈등을 평화롭게 저지했다고 해서 곧 평화는 아니다. 퇴원은 했지만 건강하지 않은 환자와 같다. 그 환자는 영원히 건강을 되찾지 못할 수도 있다. 인간이 고통으로부터 해방될 수 없듯이 불편으로부터 해방은 주관적 해석일 뿐이다. 프로이트가 말하듯이 인간은 다시 사랑하고 일할 수 있는 것만으로 족하다. 갈등도 이와 다를 바가 없다. 우리는 극단적이고 포악해지는 갈등을 막을 수 없다. 단지 제지하거나 제한만 할 수 있다. 또 그렇게 해야 한다. 인간은 장애와 함께 그리고 질병에도 불구하고 살아가는 것을 배우듯이 갈등과 함께 살아가는 것도 배워야 한다. 그러면 어떻게 배워야 하는가?

실제로 갈등을 다루는 데 있어 인내와 희망은 서로 상반된 주요 요소이다. 갈등으로 인한 스트레스와 에너지 소모를 끝내려 하고, 어떤 해결책이든 아예 없는 것보다 좋게 보이기 때문에 가능한 빨리 해결책을 찾으려는 마음은 이해할 만하다. 하지만 해결책을 기실 치유로 간주하는 것은 섣부른 예단이다. 가족, 직장, 이웃 등 생활영역에서 갈등 구성 형태(conflict constellation)가 계속된다면 시선을 갈등에서 자신으로 돌리는 것이 바람직하다. 갈등 상황 앞에서 우리는 어떻게 하면 신중하게 판단하고 대담하게 행동해서 즐거울 수 있는가?

인내와 희망은 갈등의 역설적 속성을 통찰함으로써 갖게 되는 마음가짐의 결과이다. 갈등이 발생하면 가능한 조기에 능동적으로 맞서는 것이 최선이라는 (사회과학적) 원칙은 우리가 아무리 노력해도 결코 완전한 만족은 없다는 삶의 체험과 상반된다. "그럼에도 불구하고" 할 수 있다는 자세로 행동하기 위해서는 성 바울이 말한 바와 같이 강한 믿음이 필요하다. 강한 믿음은 인간이 불확실성과 함께 살아갈 수 있는 힘의 원천이다. 이런 믿음은 인간이 갈등에 대한 저항력과 회복탄력성을 위해 근본적으로 중요하다. 그렇다면 이런 믿음은 어디서 가질 것인가? 오늘날 다원사회가 답해야 할 과제이다.

갈등을 지양할 수 없는 경우, 유대-기독교적 전통에서는 갈등과 진정으로 함께 사는 길을 구약성경 시편에서 찾는다. 시편에 인간의 갈등이 매우 다양한 형태로 묘사되어 있다. "하느님과 갈등해소대화"(Janowski, 2013)도 인간이 불가피한 생존갈등 속에서 포기하지 않고 인내할 수 있는 지름길을 제시한다. 인간은 하느님에게 자신의 고민을 탄원하고 도움을 청하며 하느님의 개입에 감사하고 자비와 권능을 찬양한다. 이러한 기도와 묵상 과정에서 기적이 일어난다. 탄원과 기도는 감사와 찬양으로 바뀐다.

이런 "분위기 전환"(전게서, p. 75)은 어떻게 이루어지는가? 분위기 전환은 즉시 일어나지 않고 갑자기 일어난다. 시편에서 기도자들은 신과 자신들의 체험을 나눈다. 그 체험은 몇 달 또는 몇 년 동안 지속된 기도 끝에 극히 압축된 형태로 갑자기 일어난다. 갈등, 고뇌 그리고 위협이 멈추고 기도자는 자신감이 충만해진다. 신에게 더 이상 탄원하지 않으며, 표면상으로는 아무것도 변한 것이 없음에도 불구하고 신이 자신에게 베푼 은총에 감사한다. 이것은 환상인가, 자기기만인가, 아편인가? 정말 믿을 수 없는 일이다. 기도자가 확실히 "완치 수준"(전게서, 84)의 변화를 체험했기 때문이다. 기도자는 갈등에서 풀려났고 곤경에서 위로받았으며 불행 속에서 자신감을 찾았다.

어떤 심리학적 설명이라도 충분치 않다. 정말 믿음의 비밀이 있는 것 같다. 사회과학은 이제 멈추고, (치료적) 효과가 아니라 자신을 위해 믿음을 찾는 자에게만 무한히 흐르는 생명의 샘을 정중히 찾아나서는 일에 만족해야 한다.

부록

1. 게임 1: 죄수의 딜레마

이 게임에서 모든 플레이어는 위험을 감수하고 상대를 신뢰할 것인지 아니면 상대를 불신하기 때문에 속일 것인지를 결정해야 한다. 게임은 다음과 같은 상황으로 시작된다.

경찰이 피의자 두 명을 체포하여 분리, 구금하였다. 경찰은 두 사람이 공범임을 확신하지만 결정적 증거가 없다. 그래서 두 사람에게 자백 아니면 부인 중에서 하나를 택하도록 하였다. 모두 다 부인할 경우, 두 사람은 총기불법소지 등과 같은 범법행위로 징역 2년 형을 받는다. 그러나 두 사람 모두 자백하는 경우, 정상을 참작하여 5년 형을 받는다. 한쪽이 자백하고 상대가 부인하면, 자백한 사람은 석방되고 부인한 사람은 10년 형을 받게 된다. 게임 상황은 다음과 같다.

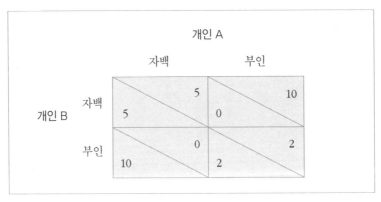

[그림 부록-1] 게임 1 매트릭스

공범들은 상대가 어떤 결정을 할지 모른다. 하지만 두 사람은 각자 상대가 어떤 결정을 할 것이라는 추측과 기대를 가지고 결정한다. 가장 좋은 방법은 두 사람이 침묵하는 것이다. 하지만 침묵하는 사람은 상대가 발설할지도 모른다는 위험을 감수해야 한다. 상대가 발설하면 본인은 최고 형을 받고 상대는 석방된다. 가장 안전한 방법은 두 사람 모두 자백하여 5년 형을 받는 것이다. 두 사람은 서로 상대를 신뢰할 수 있어야 상대적으로 유리하다.

죄수의 딜레마는 다음과 같은 상황에서도 겪을 수 있다.

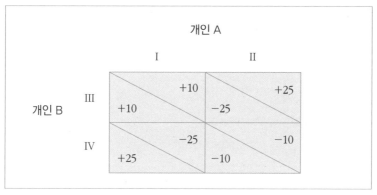

[그림 부록-2] 점수평가 매트릭스

매트릭스에서 숫자는 점수를 의미한다(1점은 100원). 게임은 총 20회 실시한 다음 획득한 점수를 모두 합산하여 승자를 정한다.

매회마다 플레이어는 상대의 결정을 계산하여 점수를 획득한다. A가 I을 선택할 경우, B가 어떤 결정을 하는가에 따라 점수가 정해진다. B가 III을 선택하면 두 사람 모두 10점을, B가 IV를 선택하면 A는 25점을 잃고 B는 25점을 획득한다. A는 II를, B는 III을 선택할 경우, A는 25점을 획득한다. B가 IV를 선택하면 A, B 모두 10점을 잃는다.

게임 1 결과지					
회	나의 선택	상대의 선택	나의 득점/실점	나의 결과	상대의 득점/실점	상대의 결과
1						
2						
3						
4						
5						
6						
7						
8						
9						
10						
11						
12						
13						
14						
15						
16						
17						
18						
19						
20						

게임 이해를 돕기 위해 다음 질문에 답하시오.

1. B가 III을, A가 I을 선택하면 A는 _____점을, B는 _____점을 획득한다.

2. B가 III을, A가 II를 선택하면 A는 _____점을, B는 _____점을 획득한다.

3. B가 IV를, A가 I을 선택하면 A는 _____점을, B는 _____점을 획득한다.

4. B가 IV를, A가 II를 선택하면 A는 _____점을, B는 _____점을 획득한다.

이해가 다되었으면 이제 게임을 시작할 수 있다. 게임의 목표는 신뢰를 어떻게 형성하고 유지할 수 있는지를 경험하는 것이다.

• 게임 안내

1. 두 플레이어는 서로 등을 맞대고 앉는다. 각자 게임 매트릭스, 메모지, 필기도구 그리고 결과지(페이지)를 소지한다. 한 사람은 A이고, 상대는 B이다.

2. 게임은 총 20회 진행한다. 5회 실시 후, 주사위를 던져 게임 순서를 다시 정한다.

3. "준비" 신호와 함께 각 플레이어는 자신의 선택을 메모지에 적는다. A는 I 또는 II를, B는 III 또는 IV를 정한다. 각자 자신이 적은 결정을 어깨 너머로 상대에게 전달한다. 두 사람은 말하지 않고 점수를 결과지에 적는다.

4. 10회가 끝난 후 게임을 중단한다. 플레이어들은 서로 말할 수

있다. 서로 어떻게 행동할 것인지에 대해 논의할 수 있다.

5. 다음 10회는 앞의 게임과 같이 실시된다.

6. 20회가 끝나면 게임을 종료하고 합산한다. 플레이어들은 각자 자신의 득점과 실점을 계산한다.

7. 플레이어들은 이어서 소그룹에서 다음과 같은 질문에 대해 토론한다.

  a) 플레이어들은 게임 중에 무엇을 느꼈는가? 상대의 결정을 어떻게 받아들였는가?

  b) 각자 자신과 상대의 행동을 어떻게 기술할 것인가?

  c) 플레이어들은 서로 상대를 신뢰했는가? 몇 회부터 신뢰했는가?

  d) 신뢰를 악용하였는가? 누가 악용하였는가? 그에 대한 반응은 어떠했는가? 이후 어떻게 진행되었는가?

  e) 게임 중에 합의할 기회가 있었는데 그 결과는 어떠했는가?

  f) 합의 기회는 신뢰 형성에 어떤 영향을 미쳤는가?

2. 게임 2: 협력적 갈등관리

• 롤플레이

상황 A와 B는 연구기관의 연구원이다. 두 사람의 상사 C가 B를 연구원으로 채용했을 때 A도 함께 일한 적이 있다. A는 프로젝트 역량이 의심스러운 B의 채용을 적극 반대하였다.

얼마 후 상사 C는 퇴임을 앞두고 A와 B가 프로젝트를 함께 이끌어갈 것을 제안하였다. 이에 대해 A는 B의 지시를 받지 않는다는 조건으로 마지못해 찬성하였다. 상사 C는 이에 동의하였다. 몇 주 후, A는 B가 공공연하게 그 약속을 지키지 않는다는 사실을 밝혀야 했다. B가 동료들에게 마치 자신이 유일한 프로젝트 리더인 양 행동한다는 것이다. A는 이 사실을 결코 묵과할 수 없었다. 두 사람은 갈등을 해결하기 위해 대화하자고 합의하였다.

B 역할 B는 A가 지위와 형식을 너무 중요시한다고 생각한다. B는 본인이 프로젝트 리더로서 결재하거나 회의를 소집할 때 결코 자신을 유일한 프로젝트 리더로 자칭한 적이 없다.

B가 믿기에, A는 다른 프로젝트에서도 일하기 때문에 이 공동프로젝트 진행에 관심이 적다. B는 자신이 주도권을 갖게 되면 A가 즉시 화를 낼 것이라고 생각한다. 그 이유는 A가 자신을 프로젝트를 독점하려 한다고 여길 것이기 때문이다.

A 역할 A는 B가 자신을 동등한 프로젝트 리더로 인정하지 않는다고 생각한다. 이런 사실은 B가 묻지도 않고 프로젝트팀 회의를 소집할 때 분명히 알 수 있었다. 얼마 전에 B가 A에게 회의가 있으니 반드시 참석해야 한다고 했다. 그 회의에서 B는 참석자들에게 각자 자신의 업무에 대해 보고하도록 하였다. B는 A에게도 프로젝트 리더가 아니라 단지 팀 구성원으로만 일할 것을 부탁하였다. 이로 인해 A는 무척 속이 상했다. 이 밖에도 A는 B가 "프로젝트 리더"라고 서명하는 것을 알았다. 이 모든 것을 감안하면 B는 프로젝트를 자신의 것으로 생각하는 것이 분명하다.

목표 롤플레이어는 협력적 갈등 대처 6단계 모델에 따라 대화한 다음, 그 결과에 대해 토의한다.

참고문헌

Adair, W. L., & Brett, J. M. (2005). The negotiation dance: time, culture, and behavioral sequences in negotiation. *Organization Science 16*, 33-51.

Aristoteles. Nikomachische Ethik. hrsg. und übersetzt von Günther Bien, 4. Aufl., Hamburg 1985.

Axelrod, R. (1982). *Die Evolution der Kooperation. München.*

Blake, R., & Mouton, J. (1980). *Verhaltenspsychologie im Betrieb Das neue Grid-Management Konzept.* Düsseldorf & Wien.

Berkel, K. (2013). *Führungsethik. Die reflexive Seite des Führens Orientierung und Ermutigung.* 2. Aufl., Hamburg.

Berkel, B. (2006). *Konflikt als Motor europäischer Öffentlichkeit.* Wiesbaden.

Berkel, H.-G. (2007). *Father to son. The mediation of family firm succession conflict.* Köln.

Berkel, K. (1984). *Konfliktforschung und Konfliktbewältigung in organisationspsychologischer Ansatz.* Berlin.

Berkel, K. (2005). Wertkonflikte als Drama-Reflektion statt Training.

Wirtschaftspsychologie, 7/4, 62-70.

Blickle, G. (1994). *Kommunikation im Management. Argumenta-tionsintegrität als personal-und organisationspsychOlogisches Leitkonzept.* Stuttgart.

Brambilla, M., Carnaghi, A., & Ravenna, M. (2011). Looking for honesty: The primary role of morality (vs. sociability and competence) in information gathering. *European Journal of social Psychology, 41,* 135-143.

Brandstädter, J. (2007). Hartnäckige Zielverfolgung und flexible Zielanpassung als Entwicklungsressourcen: Das Modell assimilativer und akkommodativer Prozesse. In J. Brandstädter & U. Lindenberger (eds): *Entwicklungspsychologe der Lebensspanne. Ein Lehrbuch.* Stuttgart. 413-445.

Bruckmüller, S., & Abele, A. E. (2013). The density of the big two: How are agency and communion structurally represented? *Social Psychology, 13,* 63-74.

Burton, J. W. (1969). *Conflict and comunication. The use of controlled communication in international relations.* New York.

Collins, J. (2003). *Immer erfolgreich. Die Strategien der Top-Unternehmen.* München.

Comte-Sponville, A. (1996). *Ermutigung zum unzeitgemäßen Leben. Ein kleines Brevier der Tugenden und Werte.* Reinbek bei Hamburg.

Crisand, E. (2010). Methodik *der Konmktlösung. Eine Handlungsanleitung mit Fallbeispielen.* 4. Aufl., Hamburg.

Crisand, E., Lyon, U., & Schinagl, G. (2009). *Anti-Stress-Training. Autogenes Training mit Yoga und Meditation.* 4. Aufl., Frankfurt.

Deutsch, M. (1975). Equity, equality, and need: what determines which value will be used as the basis of distributive justice? *The Journal of Social Issues, 31*, 137–149.

Deutsch, M., Coleman, P. T., & Marcus, E. C. (2000). *The handbook of conflict resolution. Theory and practice.* San Francisco.

Deutsch, M. (1976). Konfliktregelung. Konstruktive und destruktive Prozesse. München/Basel.

Dignath, D. (2014). *Conflict Management.* Diss. Würzburg.

Ferris, D. L. et al. (2016). An approach–avoidance framework of workplace aggression. *Academy of Management Journal, 59*, 1777–1800.

Fisher, R., Ury, W., & Patton, B. (2004). *Das Harvard-Konzept: Sachgerecht verhandeln-erfolgreich verhandeln.* 22. Aufl., Frankfurt.

Forester, J. (2009). *Dealing with differences.* Oxford.

Gebert, D. (2002). *Führung und Innovation.* Stuttgart.

Glasl, F. (2006). *Konfliktmanagement. Ein Handbuch zur Diagnose und Behandlung von Konflikten für Organisationen und ihre Berater.* 8. Auf. Bern/Stuttgart.

Graumann, C. F. (1960). *Grundlagen einer Phänomenologie und Psychologie der Perspektivität.* Berlin.

Herzberg, Ph. Y., & Sierau, S. (2010). Das Konfliktlösungsstil-Inventar für Paare (KSIP). *Diagnostica, 56*, 94–107.

Horney, K. (1973). *Feminine psychology.* New York.

Hugo-Becker, A., & Becker, H. (2004). *Psychologisches Konfliktmanagement Menschenkenntnis, Konfliktfähigkeit, Kooperation.* 4. Aufl., München.

Janowski, B. (2013). *Konfliktgespräche mit Gott: Eine Anthropologie der*

Psalmen. 4. Aufl., Vandenhoeck & Ruprecht.

Koopman, J. et al. (2016). Integrating the bright and dark sides of OCB: A daily investigation of the benefits and costs of helping others. *Academy of Management Journal, 59*, 414-435.

Luckner, A. (2005). *Klugheit*. Berlin.

Mahlmann, R.(2000). *Konflikte managen. Psychologische Grundlagen. Modell und Fallstudien*. Weinheim und Basel.

Marquard, O. (2007). *Skepsis in der Moderne*. Stuttgart.

Mastenbroek, W. (1992). *Verhandeln, Strategie –Taktik-Technik*. Frankfurt/Wiesbaden.

Mischo, C. et al. (2002). Konzeption und Evaluation eines Trainings zum Umgang mit unfairem Argumentieren in Organisationen. *Zeitschrift für Arbeits-und Organisationspsychologie*. 46(N. F. 20) 3, 150-158.

Montada, L., & Kals, E. (2013). *Mediation. Psychologische Grundlagen und Perspektiven*. 3. Aufl., Weinheim.

Neuberger, O. (2002). *Führen und führen lassen. Ansätze, Ergebnisse und Kritik der Führungsforschung*. 6. Aufl., Stuttgart.

Peters, A. et al. (1974). Konflikte Zwischen Privat-und Berufsleben bei Führungskräften. Segmentierung der privaten Lebensbereiche von der Arbeit als eine Ressource? *Zeitschrift für Arbeits-und Organisationspsychologie, 58*, 64-79.

Pikas, A. (1974). *Rationale Konfliktlösung*. Heidelberg.

Pruitt, D. G., & Carnevale, P. J. (1993). *Negotiation in social conflict*. Buckingham.

Raiffa, H. (2002). *Negotiation Analysis: The Science and Art of Collaborative Decision Making*. Harvard University Press.

Rapoport, A. (1976). *Kämpfe, Spiele und Debatten. Drei Konfliktmodelle.* Darmstadt.

Redlich, A. (2009). *KonfliktModeration in Gruppen.* 7. Aufl., Hamburg.

Regnet, E. (2001). *Konflikte in Organlsationen.* Formen. Funktion und Bewältigung. 2. Aufl., Göttingen/Stuttgart.

Regnet, E. (2007). Konflikt *und Kooperation. Konflikthandhabung in Führungs-und Teamsituationen.* Göttingen.

Rüttinger, B., & Sauer, J. (2000). *Konflikt und Konfliktlösen. Kritische Situationen erkennen und bewältigen.* 3. Aufl., Leonberg.

Scheffer, D. (2005). *Implizite Motive. Entwicklung. Struktur und Messung.* Göttingen.

Schulz v. Thun, F. (1992*). Miteinander reden 1.* Reinbek bei Hamburg.

Schwarz, G. (2005). *Konfliktmanagement. Konflikte erkennen, analyseren, lösen.* 7. Aufl., Wiesbaden.

Spranger, E. (1966). *Lebensformen: Geisteswissenschaftliche Psychologie und Ethik der Persönlichkeit.* München.

Stroebe, R. W. (2010). *Grundlagen der Führung. mit Führungsmodellen.* 13. Aufl., Hamburg.

Stroebe, R. W. (2011). *Besprechungen zielorientiert führen.* 9. Aufl., Hamburg.

Susskind, L. et al. (2009). *Teaching about the mediation of values-based and identity-based disputes.* In: Progmmm on negation at Harvard Law School.

Thomae, H. (1974). *Konflikt, Entscheidung, Verantwortung. Ein Beitrag zur Psychologie der Entscheidung.* Stuttgart.

Thomas, K. (1976). Conflict and Conflict Management in Dunnette, M.

(Ed.). *The Handbook of Industrial and Organizational Psychology.* p. 889-935. Chicago.

Van de Vliert, E., & Jansson, O. (2001). *Gedrag en Organisatie. 14,* p. 317-330.

저자 소개

칼 베르켈(Karl Berkel)

독일 München 대학교 심리학과 교수

트레이너 및 컨설턴트로 활동

전문분야: 리더십과 경영, 리더십윤리, 갈등대처, 변화관리 등

역자 소개

문용갑(Moon Yonggap)

독일 Bremen 대학교 사회심리학 박사

독일 갈등관리 · 조정 전문가

한국 갈등관리 · 조정연구소 대표

성균관대학교 겸임교수

독일 Vechta 대학교 외래교수

한국갈등조정가협의회 대표

서울중앙지방법원 조정위원

이메일: moon@conflict.kr

이남옥(Lee Namok)

독일 Oldenburg 대학교 심리학 박사

독일 갈등관리 · 조정 전문가

독일 가족치료 전문가

독일 단기치료 전문가

한국상담대학원대학 교수

서울부부가족치료연구소 소장

서울중앙지방법원 조정위원

서울가정법원 조정위원

이메일: namoklee@hotmail.com

갈등 이해 분석과 대처를 위한

갈등 트레이닝
Konflikttraining: Konflikte verstehen, andlysieren, bewältigen

2019년 3월 10일 1판 1쇄 인쇄
2019년 3월 20일 1판 1쇄 발행

지은이 • Karl Berkel
옮긴이 • 문용갑 · 이남옥
펴낸이 • 김진환
펴낸곳 • ㈜**학지사**

　　　　04031 서울특별시 마포구 양화로 15길 20 마인드월드빌딩
대표전화 • 02-330-5114　　팩스 • 02-324-2345
등록번호 • 제313-2006-000265호

홈페이지 • http://www.hakjisa.co.kr
페이스북 • https://www.facebook.com/hakjisa

ISBN 978-89-997-1752-9　03180

정가 14,000원

이 도서의 국립중앙도서관 출판시도서목록(CIP)은 서지정보유통지
원시스템 홈페이지(http://seoji.nl.go.kr)와 국가자료공동목록시스템
(http://www.nl.go.kr/kolisnet)에서 이용하실 수 있습니다.
(CIP 제어번호: CIP2019002528)

교육문화출판미디어그룹 **학지사**

심리검사연구소 **인싸이트** www.inpsyt.co.kr
원격교육연수원 **카운피아** www.counpia.com
학술논문서비스 **뉴논문** www.newnonmun.com
간호보건의학출판 **학지사메디컬** www.hakjisamd.co.kr